Himmelstürmer Verlag

Himmelstürmer Verlag, Kirchenweg 12, 20099 Hamburg
www.himmelstuermer.de
e-Mail: info@himmelstuermer-verlag.de
Fotografie, Umschlaggestaltung, Layout: Matthias Nebel
e-Mail: matthias_nebel@gmx.de
Originalausgabe Februar 2007

ISBN 978-3-934825-73-4

PATRICK KREMERS MATTHIAS NEBEL

SÜDLICH VON HETERO

Himmelstürmer Verlag

SÜDLICH VON HETERO

SCHWULE JUGENDLICHE GEHEN IHREN WEG
- EINE REISE DURCH DEUTSCHLAND

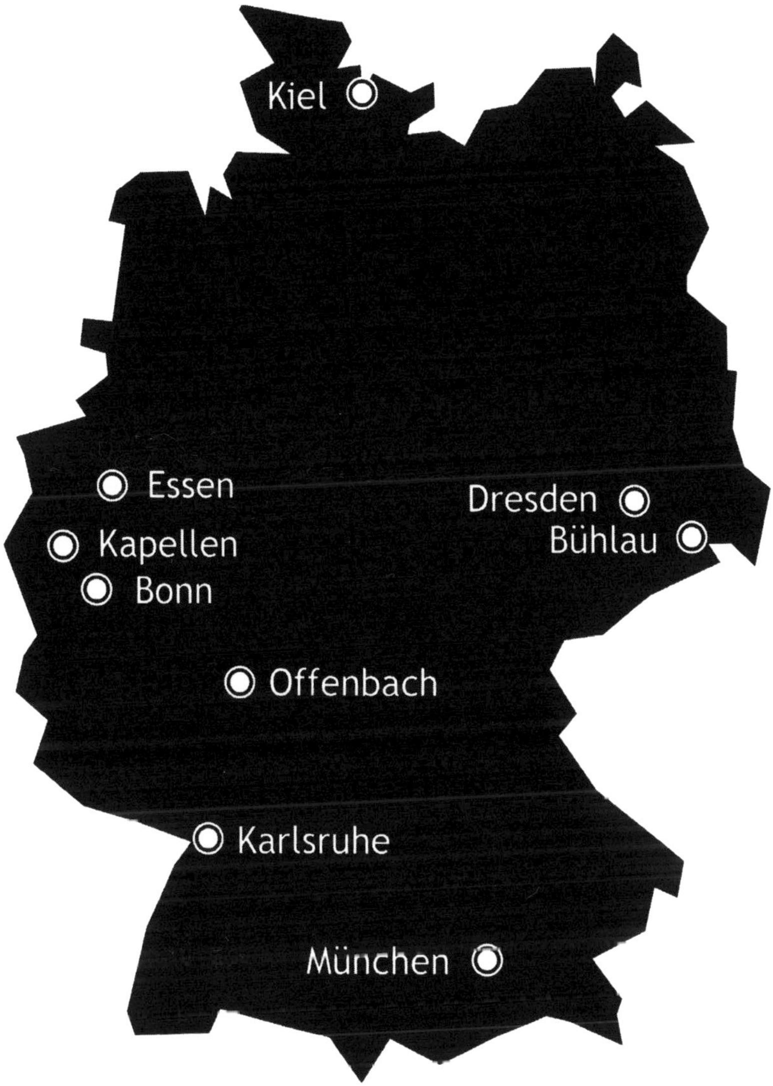
Kiel
Essen
Kapellen
Bonn
Dresden
Bühlau
Offenbach
Karlsruhe
München

AUFBRUCH

Wir waren es Leid. Immer liest und hört man in den Medien von „den Schwulen". Die Schwulen, die schon wieder halbnackt durch die Städte tanzen. Die schon wieder keine Lust haben auf Safer Sex und eigentlich immer nur unzufrieden sind. Mit allem: der Gesellschaft, der Politik, der Innenarchitektur. Wer soll das eigentlich sein, „der Schwule"? Geht es dem gut, oder eher schlecht? Wie ist das, jung und schwul zu sein? Wie schrecklich, wie schön, wie normal?

Alles passiert gleichzeitig. In ganz Deutschland. 82 Millionen Realitäten. Im Hier und Jetzt. Deshalb also zehn Geschichten. Geschichten, die gleichzeitig passieren, aus zehn verschiedenen Perspektiven. Ganz unterschiedliche Realitäten. Das war der Ausgangspunkt.

Anfang 2006 wird es konkret: das Projekt beginnt. Wie könnte es aussehen? Wie finden wir zehn interessante Jugendliche? Eine Ausschreibung per Mail an Bekannte, dann ein Aufruf beim schwulen JugendMagazin dbna. Es dauert nur wenige Stunden bis uns die ersten Mails erreichen. Jedes Mal so spannend, die Briefe zu lesen. Wer wird es sein? Was hat er erlebt? Wir kommen Menschen nahe, die wir bis eben gar nicht kannten. Wir tauchen ab in fremde Welten. Lassen uns Geschichten erzählen, Lebensgeschichten, stellen Fragen und haken nach. So soll es auch den Leserinnen und Lesern

GUTE FAHRT!

dieses Buches gehen: abtauchen und zuhören. Sich einlassen auf das, was man liest und nachempfinden.

Ende Juli wird es noch konkreter: die Auswahl der Geschichten ist getroffen. Wir kaufen Blöcke und Filme, organisieren Übernachtungen und das Wohnmobil. Stellen eine Route auf: 2539 Kilometer, einmal quer durch die ganze Republik. Von Offenbach über Karlsruhe nach München. Bühlau, Dresden, vorbei an Berlin nach Kiel. Essen, Kapellen und Bonn. Wir treffen Verabredungen mit den Interviewpartnern und packen die Koffer: es geht los.

Matthias kommt mit fünf oder sechs Taschen, in zweien davon sind Kameras. Patrick hat nur zwei Taschen und einen Koffer. Das Wohnmobil wird beladen, hergerichtet. Unser zu Hause in den nächsten zwei Wochen. Mobiles Haus, irgendwo auf den Autobahnen der Republik. Es gibt noch Nudelsalat von Patricks Mutter mit auf den Weg, dann steigen wir ein. Es ist sechs Uhr am Morgen. Das Navigationssystem wird eingeschaltet. Ziel: Offenbach. Route wird berechnet. Wir verlassen die für Patrick heimischen Gefilde, es geht raus auf die Autobahn. Wir sind auf Tour.

LORENZ / 22 / OFFENBACH

»DU KOTZT DEINE GANZE TRAURIGKEIT AUS. DEINEN GANZEN HASS.«

Über Offenbach gibt es momentan nicht viel zu sehen. Einige Flugzeuge im Landeanflug auf den Flughafen von Frankfurt am Main und dicke Regenwolken, die seit einigen Minuten kleine Wasserperlen auf die Stadt schütten. Die Flugzeuge machen einen ziemlichen Lärm, während sie über die Gewerkschaftshäuser donnern. „Das höre ich schon gar nicht mehr", sagt Lorenz. In seiner Wimper hat sich ein kleiner Regentropfen verfangen: sanfte Landung nach einem langen Fall. Lorenz hat einiges mit diesem Regentropfen gemeinsam. Auch er ist tief gefallen in seinem Leben. Auch er ist sanft gelandet. Und all das, obwohl er gerade erst 22 Jahre alt ist.

Lorenz führt uns an vielen Gewerkschaftshäusern vorbei in ein Waldstück und stoppt vor einer Parkbank. „Hier verbringe ich viel Zeit." Er zeigt auf die Parkbank, die idyllisch unter zwei großen Bäumen steht. „Wenn man hier sitzt, sieht man die Wohnblöcke nicht und kann den Alltag für kurze Zeit ausblenden." Er hat schon häufig auf dieser Parkbank gesessen und das Immergleiche ausgeblendet. Nachgedacht. Über sein

Leben, die Liebe. Über die Krankheit, die alles so veränderte. Und darüber, wie stolz er ist, all das überwunden zu haben und heute ein glückliches Leben zu führen.

Lorenz' Geschichte beginnt, als er ungefähr acht Jahre alt ist. Irgendwo in Offenbach, in einem Probenraum des Jugendchors. „Ich habe mich total in den Chorleiter verliebt", sagt Lorenz. Er lächelt, als er das sagt und kriegt große Augen. „Ich fand es damals sehr schön, dieses Gefühl, und ich hielt es für normal, in einen Mann verliebt zu sein. Früher oder später würde ich mich auch in eine Frau verlieben, da war ich mir sicher", erinnert er sich. Es wurde aber eher später als früher. Schon mit elf Jahren gestand sich Lorenz ein, Jungs viel interessanter zu finden als Mädchen. Auch eine Freundin, die er mit 15 hatte, überzeugte ihn nicht. „Ich hatte sie eigentlich nur, um zu testen, was Sache ist", erklärt Lorenz. „Danach war ich mir sehr sicher, dass ich schwul sein muss. Ich wusste einfach nicht, was ich mit ihr hätte anfangen sollen, geschweige denn, wo ich sie gerne angefasst hätte." Zu diesem Zeitpunkt hatte Lorenz schon einiges durchmachen müssen in seinem Leben. Er war nie der typische Junge gewesen. „Mein Bruder war ein richtiger Frauenschwarm", erzählt er, „aber bei mir kam das einfach nicht." Anstatt mit Freunden über schöne Mädchen zu reden, hörte Lorenz lieber gemeinsam mit seinen Freundinnen Spicegirls. Und Freundinnen hatte er viele. „Ich war immer schon der Hahn im Korb", sagt er. Nur einen einzigen guten Freund hatte er gehabt, Phillip, mit dem er viel Zeit verbrachte in seiner Kindheit. „Wir sind gemeinsam in die fünfte Klasse gegangen, haben Mittags gespielt und sind häufig im Wald Fahrrad gefahren." Was man mit einem guten Freund eben so macht, wenn man noch Kind ist. Als Lorenz in der siebten Klasse war, ist Phillip weggezogen. „Danach hatte ich keinen männlichen Freund mehr. Niemanden, mit dem ich die Nachmittage mit Fahrrad fahren verbringen konnte." Als Philipp weg war, gab es nur noch Freundinnen und das fiel negativ auf in seiner Klasse.

„Lorenz ist voll das Mädchen“, sagten die anderen Jungs und ärgerten ihn, wo sie nur konnten. Als Lorenz uns heute davon erzählt, einige Jahre später, wird seine Stimme nachdenklich. Er macht eine lange Pause und beobachtet, wie die Regentropfen vor ihm auf den Boden prasseln. Wer als Kind gemobbt wird, vergisst das so schnell nicht. Lorenz hat heute noch mit der Erinnerung zu kämpfen. Er hatte es schwer in der Schule, bot genug Angriffsfläche. Seine Freundinnen, seine stille Art – und schließlich: sein Körpergewicht. „Ich war als Kind schon immer etwas pummeliger“, erinnert er sich. „Lorenz der Dicke“ haben sie ihn in der Schule genannt. Der dicke Lorenz, der Spicegirls hört und nur mit Mädchen befreundet ist. „Darunter leidet ein Kind“, sagt Lorenz. „Das ist wie eine Charaktereigenschaft, die dich sehr lange Zeit begleitet.“ Ein Stigma, das man nicht mehr los wird. Sogar in seiner Familie war Lorenz vor unangenehmen Bemerkungen nicht sicher. Das Verhältnis zu seinen Eltern war nie gut gewesen. Nicht die typische Familienidylle, wie man sie im Fernsehen zu sehen bekommt. Sie lebten gemeinsam, körperliche Nähe erfuhr er aber nie. Und dann erzählte ihm eine Verwandte, dass er sich endlich männliche Freunde suchen müsse, sonst würde er schwul werden. Schwul werden. Schwul. Schwul! Davor hatte Lorenz Angst. Dass er Gefühle für Jungs hatte, wusste er schließlich. Aus den anfangs schönen Gefühlen der Verknalltheit war mittlerweile ein Gespenst geworden. Ein Bekannter seiner Eltern war schwul und in seiner Art sehr tuntig. Lorenz wollte nicht so werden. Er bemerkte, wie andere Leute über den Bekannten lachten und wollte nicht, dass man noch mehr über ihn lachte als man es sowieso schon tat. „Ich hatte Angst, eine Witzfigur zu werden“, sagt er und schaut auf den Boden, in die Pfütze vor seinen Füßen, in der die Regentropfen immer wieder kleine Wellen schlagen. Deshalb wollte er sich nie mehr in einen Jungen verlieben. „Ich fand das ekelhaft. Fand mich selbst hochgradig pervers“, sagt er. Wenn er gekonnt hätte, hätte er sich selbst verändert. Hätte sich männliche Freunde

gesucht, ein paar Pfunde abgespeckt, die Spicegirls-CDs in den Müll geschmissen und endlich ein Mädchen geküsst. Aber Lorenz konnte nicht, stand da, vor einem Berg von Problemen, die er nicht bewältigen konnte. Ein viel zu steiler Berg für einen viel zu kleinen Jungen. „Vor wenigen Tagen erst habe ich mein Tagebuch von früher gefunden“, erzählt er und macht wieder eine lange Pause. Er atmet kontrolliert ruhig und sortiert im Kopf seine Gedanken. Wenn er sich an die Worte erinnert, die er damals geschrieben hat, schnürt es ihm die Kehle zu. „Ich glaube, dass ich mich eines Tages wegen dieser Scheiße umbringen werde“, lauten die Zeilen, die er in seiner totalen Frustration vor einigen Jahren niederschrieb.

Auch wenn er sich vorgenommen hatte, sich nie mehr in einen Jungen zu verlieben, merkte er bald, dass er mit diesem Vorsatz brechen musste: Lorenz lernte Marco kennen. Sportlich, schlank, schön. Ein toller Junge! Lorenz konnte seine Gefühle nicht im Zaum halten. Bald war er von Kopf bis Fuß verschossen. Versuchte, Marcos Aufmerksamkeit zu erregen und scheiterte kläglich. Er überhäufte ihn mit Anrufen. Versuchte es immer wieder. Aber es schien keinen Weg zu geben, irgendwie an Marco ranzukommen. Trotzdem wollte Lorenz nicht wahrhaben, dass Marco an ihm freundschaftlich, geschweige denn sexuell, gar nicht interessiert war. Er versuchte es weiter und fasste einen Entschluss: um Marcos Aufmerksamkeit auf sich zu lenken, musste er selbst so werden wie Marco. So sportlich, so schlank, so schön. Lorenz musste so schnell wie möglich abnehmen. Schlank werden, in kurzer Zeit, die Liebe wartet schließlich nicht.

Wie schafft man das? Man treibt entweder viel Sport oder isst nichts mehr. Nichts mehr essen schien Lorenz damals einfacher zu sein. Problem: „Ich habe schon immer gerne und viel gegessen“, sagt Lorenz und lächelt. In einem Artikel in der Bravo fand Lorenz letztendlich die Antwort auf die quälende Frage, wie er schön werden, essen und Unsportlichkeit verbinden konnte: Bulimie. „In der Bravo stand, dass es etwas Schlechtes sei. Aber ich fand das Prinzip so toll, dass ich es ausprobieren wollte“, erinnert er sich.

Also fing Lorenz nach und nach an, sich nach dem Essen den Finger in den Hals zu stecken. Natürlich so, dass seine Eltern das nicht mitbekamen. Er genoss dieses Ritual. Er konnte essen, so viel er wollte. Er würde trotzdem abnehmen. Ob das nun gesundheitlich okay war oder nicht, interessierte ihn erst einmal nicht. Für ihn zählte nur das Abnehmen. Um jeden Preis. Da setzt man doch gerne seine Gesundheit aufs Spiel. Und die ersten Erfolge sprachen für diese absurde Praxis. „Schon nach

kurzer Zeit nahm ich ein paar Kilo ab", erklärt Lorenz.

Wenn Marco Lorenz in der Schule anschaute, war der ganze Tag gerettet. Tat er es nicht, fiel Lorenz in einen tiefen See von Traurigkeit, aus dem er nur schwer wieder rauskam. An diesen schlechten Tagen kam er nach Hause, setzte sich vor den Fernseher und begann zu essen. Er schaufelte alles in sich rein, plünderte regelrecht den Kühlschrank. „Ich machte immer weiter, es waren Unmengen. Danach erbrach ich wieder alles. Es war toll: Man konnte so viel essen, alles, was einem schmeckte und wie viel man wollte und es wirkte sich nicht auf die Figur aus." Wie eine Flut erpackte ihn die Sucht, riss ihn mit sich und zog ihn weg von den Ufern der Realität. Wenn er seinen ganzen Mageninhalt ausgekotzt hatte, fing er wieder an zu essen. Schaufelte sich wieder voll, kotzte sich wieder frei und fing erneut an zu essen. Kotzen. Wieder essen. Kotzen. Und natürlich durfte man mit dem Kotzen nicht lange warten, damit ja nichts verdaut wurde. „Im Laufe der Zeit entwickelte ich Systeme", erinnert sich Lorenz. „In welcher Reihenfolge muss was gegessen werden, damit es nachher beim Erbrechen leichter ging. Brot war zum Beispiel schwer wieder rauszubekommen. Eis und Süßigkeiten gingen ganz einfach." Manchmal ist er sogar extra früh aufgestanden und hat sich noch vor der Schule das Abendessen aufgewärmt und reingehauen, um es dann in der Schule wieder zu erbrechen. Schnell bemerkten auch andere, dass Lorenz abnahm. „Das trieb mich natürlich noch mehr an", erinnert er sich. Er kaufte sich die Men's Health und fing gleichzeitig mit Muskeltraining an. Es dauerte nicht lange, bis Lorenz die ersten Komplimente bekam. Zum ersten Mal in seinem Leben Komplimente. Was kann so schlimm an dieser Krankheit sein, wenn sie ihm doch so viel geben konnte. Lorenz war zu sehr in Ekstase, um zu sehen, dass er einen Fehler machte. Heute weiß er, dass er damals eine riesige Dummheit beging. „Ich habe mich gehasst für meine Gefühle, die in mir schlummerten und habe diesen Hass gegen meinen Körper gerichtet, um mir weh zu tun." Er kam nicht damit klar, schwul zu sein. Das Gespenst saß tief in ihm, hatte sich festgekrallt. Er traute sich nicht mehr, in sich hineinzusehen. Anstatt das

Gespenst zu vertreiben, kämpfte er gegen sein Übergewicht. Das war einfacher, war realer, war normaler. Er war besessen von der idealen Idee eines makellosen Körpers und fühlte sich ganz befreit und leicht. „Du kotzt deine ganze Traurigkeit aus, deinen ganzen Hass", sagt er. Da war es egal, dass das Erbrechen auch häufig sehr weh tat und Schmerzen bereitete. Schmerzen nahm er gerne in Kauf, wenn es ihm dadurch besser ging. Erst nach dem Rausch kam das schlechte Gewissen – „Was machst du hier eigentlich?" fragte er sich dann. Aber es hielt ihn nicht davon ab, wieder zu kotzen. Immer, wenn es Lorenz schlecht ging, wenn er sich zum Beispiel mit seinen Eltern gestritten hatte, verzog er sich in die Küche und machte sich etwas zu Essen. Zur Strafe esse ich euch jetzt den Kühlschrank leer, sagte er dann immer. Diesen Wink mit dem Zaunpfahl haben seine Eltern nie verstanden. Sie waren ahnungslos, tappten bei ihrem Sohn im Dunkeln. Wie sollten sie auch etwas ahnen? Äußerlich gesehen ging es Lorenz so gut wie nie zuvor. Er nahm ab und er schien glücklich zu sein. Den Schrei nach Anerkennung, der hinter dieser Krankheit steckte, vernahmen sie nicht. Dabei war er so eindeutig: „Ich wollte schlank sein, um geliebt zu werden."

Die Schulferien nutzte Lorenz zum Abspecken. Innerhalb von sechs Wochen sank sein Gewicht von 70kg auf 58kg. Nahrung nahm er quasi gar nicht mehr zu sich und zusätzlich ging er alle zwei Tage joggen. Klar, dass selbst den allerletzten Klassenkameraden auffiel, dass Lorenz sich Mühe gab. Als die Schule wieder anfing, passte er in die Hosen seiner zwei Jahre jüngeren Schwester. Hosengröße 28, darauf war Lorenz ganz besonders stolz. In der Schule fand er schließlich Anschluss bei einigen anderen. „Als ich merkte, dass ich durch die Bulimie Anerkennung bei anderen fand, hatte sich die Krankheit endgültig verselbstständigt", erinnert er sich. Das konnte er aber gut in Kauf nehmen, denn immer weiter ging es mit seinem Leben aufwärts. Auch in der Schule, wo seine

Leistungen immer besser wurden. „Klar – ich habe meinen körperlichen Perfektionismus auch auf meine schulischen Leistungen ausgebreitet“, erklärt Lorenz. Ein Perfektionist in jeglicher Hinsicht, der nach außen hin eine schöne Fassade aufgebaut hatte und innerlich kaputt ging.

Glücklich war Lorenz natürlich immer noch nicht, und das bemerkte er – seine Gefühle für Jungs hatten sich wegen seines dünneren Körpers ja nicht in Luft aufgelöst. Er wollte sich mitteilen, fand aber nie den Mut, mit seinen Freunden über seine Homosexualität zu sprechen. Trotzdem begann er langsam, sich seinen Freunden anzuvertrauen. Meist wenn er Alkohol getrunken hatte, erzählte er ihnen von seiner Bulimie.

„Wenn ich heute darüber nachdenke, fiel es mir damals leichter zu sagen ‚Ich habe Bulimie' als zu sagen ‚Ich bin schwul und in Marco verliebt, und ich weiß nicht, wie ich damit klarkommen soll.'" Seine Freunde waren geschockt. Wussten, wie gefährlich Bulimie ist und rieten Lorenz, eine Therapie zu machen. Anfangs wehrte er sich gegen den Gedanken, er könne krank sein. Wieso auch? Seit er sich regelmäßig den Finger in den Hals steckte, ging es ihm viel besser als zuvor. Seine Freunde blieben hartnäckig und überredeten ihn, sich bei einem Jugendpsychologen zu melden. Und weil sie nicht aufhörten, auf ihn einzureden, ließ Lorenz sich auf diesen Vorschlag ein. Er rief bei einem Jugendpsychologen an, ging sechs Monate lang zu ihm und erzählte ihm von seiner Bulimie. Wirklich ehrlich war er dabei nie, denn Marco und seine Homosexualität erwähnte er mit keinem Wort. Trotzdem profitierte Lorenz aus diesen sechs Monaten. Ihm wurde bewusst, dass er die Krankheit als Ventil benutzte. Als Ventil für seine Gefühle, für die er sich so sehr hasste. Und ihm wurde klar, dass Essen zum Überleben wichtig ist – nichts Negatives, sondern eben doch etwas Gutes. Nach den sechs Monaten in Therapie glaubte Lorenz, sein Leben neu geordnet zu haben. Er glaubte, einen Ausweg aus seinen Problemen gefunden zu haben und nun besser mit seiner Krankheit umgehen zu können. Aber es dauerte nicht lange, bis die nächste Enttäuschung kam und Lorenz wieder tief in eine Depression fiel. In ein tiefes Loch, das alles wieder von vorne losgehen ließ. Essen, kotzen, sich gut dabei fühlen, schlechtes Gewissen. Immer und immer wieder.

Insgesamt drei Jahre lang quälte sich Lorenz mit dieser Krankheit herum. Drei lange Jahre, drei Jahre wie auf einer Welle: mal stärker ausgeprägt, mal schwächer. Erst, als Lorenz in der elften Klasse Matze kennenlernt, verändert sich wirklich etwas in seinem Leben. Er hatte einen besten Freund gefunden. Jemanden, bei dem er sich nicht verstellen musste. Jemand, der ihn so nahm, wie er war, der ihn mochte und akzeptierte und ihm das auch sagte. Ungünstigerweise verliebte sich Lorenz in Matze. Er gestand ihm seine Gefühle, erklärte ihm, dass er schwul ist und auf Männer steht und sich in ihn verliebt hatte. Matze fand das in Ordnung und machte kein Problem daraus. Zum ersten Mal in seinem Leben stieß Lorenz auf Verständnis. „Ich begann, langsam aber sicher, mich so zu akzeptieren, wie ich bin", erinnert sich Lorenz. Da war jemand, der ihm wichtig war, und dem es einfach egal war, ob er schwul war oder nicht. Das machte aus dem schreckenerregenden Gespenst einen alten Lappen aus der Geisterbahn. Wenn er jetzt in sich hineinsah, bekam er keine Angst mehr. Er fühlte sich wieder wohl in seinem Körper.

Er begann, sich bei mehr und mehr Freunden zu outen und wurde immer selbstbewusster und emotional stabiler. Und plötzlich war auch das Bedürfnis, sich den Finger in den Hals zu stecken, nicht mehr da. „Ich habe die Krankheit dadurch überwunden, dass ich merkte, dass mich andere Leute so mögen, wie ich bin, und sie mir ganz viel Mut gemacht haben", sagt er heute. Lorenz strahlt, als er uns das sagt. Ihm wurde gezeigt, was es bedeutet, sein Leben zu genießen und dass es wichtig ist, seine Gefühle zuzulassen.

Wenn Lorenz heute an diese Zeit zurückdenkt, denkt er nichts Schlechtes. „Ich glaube, das war meine Art, erwachsen zu werden. Ich habe gelernt, mit mir, meinem Körper, meiner Sexualität und meinen Gefühlen umzugehen." Heute kann Lorenz sehr gut mit sich selbst umgehen. „Der eine ist vielleicht Linkshänder, ein anderer braucht eine Brille. Ich bin schwul", sagt er. Heute ist es ihm egal, was andere Leute über ihn sagen oder denken, solange er weiß, dass er mit sich selbst und dem, was er tut, glücklich ist. Denn glücklich ist Lorenz heute mit seinem Leben, darüber braucht er gar nicht lange nachzudenken. „Früher ging es mir total dreckig", sagt er. „Ein ständiges Auf und Ab. Ich hatte kaum noch Kraft zu leben. Heute habe ich viel

Kraft. So viel, dass ich anderen davon etwas abgeben kann." Ein Coming-out lohnt sich immer, findet Lorenz heute. Wegen der Freiheit, die man dadurch bekommt. Er hält inne, als er das gesagt hat. Denkt darüber nach. „Schreibt das bitte genau so", wünscht er sich und lächelt uns an.

Wieder donnert ein Flugzeug über Offenbach, wieder tut es das sehr laut. „Die Dinger sind schon ganz schön laut, wenn man darauf achtet", sagt Lorenz.

Mittlerweile hat es aufgehört zu regnen. Keine Tropfen mehr, die vom Himmel fallen, hinunter in die Pfütze vor Lorenz' Füße und kleine Wellen schlagen. Die Wogen haben sich geglättet. Nach jedem Sturm kommt irgendwann die Ruhe, das ist Leben.

145 KM

Von Offenbach haben wir nicht viel gesehen. Gibt es dort viel zu sehen? Ein paar Häuser, in denen Menschen leben und ein Stückchen Wald. All das ziemlich grau, das Wetter tut den Rest. Wir sind müde. Zum Glück ist die Autobahn relativ leer. Nur hier und da ein Auto, das an uns vorbeirauscht. Mit Wohnmobilen darf man nur 80 fahren, also fahren wir 90. Irgendwann wollen wir schließlich ankommen in Karlsruhe. Matthias gähnt und stellt das Radio an. Badenwürttembergische Radiosender sind scheiße. SWR3 ganz besonders. Minutenlang diskutieren die schon über Penispumpen – ungelogen! Große Penispumpen, kleine Penispumpen. Was man mit den Dingern so anstellen kann, wenn man nicht Penis pumpen möchte und so weiter. Macht sich nett in der Vitrine, scherzt der Moderator. Scherzkeks! Es wird unerträglich. Patrick braucht eine Pause. Wenn Patrick eine Pause braucht, heißt das: er braucht eine Zigarette. Die braucht er hin und wieder, sagt er, sonst funktioniert er nicht. Es werden zwei Zigaretten und als wir wieder auf die Autobahn fahren, vorbei an Mannheim gen Süden, wird es dunkel.

OFFENBACH - KARLSRUHE

ORKAN / 23 / KARLSRUHE

»ICH HÄTTE MIR EIN VORBILD GEWÜNSCHT, EINEN ANDEREN SCHWULEN TÜRKEN.«

Der Edelstahl glänzt, als wäre er erst vor wenigen Minuten poliert worden. Gespenstisch wirkt die Ruhe im Aufzug und nur ein leises Surren sagt uns, dass wir nicht stecken geblieben sind. Erste Etage. Die Spiegel an den Wänden des Aufzugs lassen das Gefährt groß wirken, spiegeln polierten Edelstahl wieder und schaffen einen unwirklichen Raum, der nie zu enden scheint. Zweite Etage. Draußen, vor der Haustür, war es auch ruhig. Obwohl wir mitten in Karlsruhe sind; dritte Etage. Hin und wieder nur eine Straßenbahn, die den Weg kreuzt, ansonsten liegen die Straßen friedlich vor dem schönen Grünstreifen, der den Straßenlärm verschluckt. Vierte Etage. Das Surren verstummt und die Türen öffnen sich. Direkt vor uns wird eine Wohnungstür geöffnet, laute Housemusik schallt uns entgegen. Vor uns steht ein junger Mann, der in großen Buchstaben das Wort „Rock“ auf dem T-Shirt stehen hat. „Hallo, ich bin Orkan“, sagt er und bittet uns hinein. In die schicke Wohnung im schicken Neubau mit dem schicken Aufzug im Herzen der Stadt. Die Einrichtung ist sparsam und modern. Hier eine Sitzgruppe, dort ein Tisch. Dazwischen viel Raum, der wirkt und die klar strukturierte Musik, die sich perfekt in das Ambiente eingliedert. Der Junge ist chic. Hinter einer Tür plätschert eine Dusche vor sich hin. „Mein Freund", sagt Orkan, zeigt auf die Tür, hinter der vermutlich das Badezimmer steckt. Aus der Küche kommt gerade jemand anderer. Orkan stellt uns Jan vor – ein Freund. Alleine ist Orkan nur sehr selten, in seinem Leben ist immer was los. Er hat viele Freunde. Nicht nur in Karlsruhe, sondern auch in Wien. Da ist er unter der Woche, arbeitet als Unternehmensberater bei einer großen Bank.

Orkan ist ständig unterwegs. Mal in Wien, mal in Karlsruhe. „Mein zu Hause ist aber Karlsruhe", sagt er. Hier hat er seinen Freund, hier ist er aufgewachsen. Wenn man Orkan allerdings nach seiner Heimat fragt, kriegt man eine Antwort, mit der man zuerst nicht rechnet. „Türkei", sagt er, obwohl er in Deutschland lebt und nur in die Türkei fliegt, um Urlaub zu machen oder um den Teil der Familie zu besuchen, der dort lebt. Denn Orkans Eltern kommen ursprünglich aus der Türkei. Sind nach Deutschland gekommen, vor vielen Jahren, um hier zu arbeiten und zu leben. Orkan ist hier geboren.

Als er zwei Jahre alt war, trennte sich Orkans Mutter von ihrem Mann. Von diesem Tag an gab es keine Vaterfigur mehr in seinem Leben. Seine Mutter und seine Oma versuchten beide, diese Rolle zu übernehmen. Das war nicht immer unkompliziert. Die Oma legte Wert darauf, den kleinen Orkan sehr traditionell zu erziehen. Die Mutter hingegen war immer schon sehr westlich gewesen. Achtete darauf, dass der kleine Orkan hin und wieder ins Kino kam oder bei Freunden spielen durfte. Manchmal sogar so, dass die Oma das nicht bemerkte, denn bei ihr hätte Orkan das nicht unbedingt gedurft. Das war für Orkan zwar einerseits schön, andererseits musste er ständig einen Spagat zwischen den beiden Kulturen schaffen. Mal eher Türke sein, dann eher Türke, der in Deutschland lebt und sich dort integriert hat. Deutscher – wie auch immer man das nennen mag. Alles eine Frage der Übung und weil er es gar nicht anders kannte, fiel Orkan dieser Spagat nie schwer und er nahm aus beiden Kulturen etwas mit in seinen Alltag. Musste er auch, denn in der Schule war Orkan immer der einzige Türke in der Klasse gewesen. Ihn störte das nicht und den anderen Kindern in der Klasse war es egal. Ausgegrenzt hat sich Orkan nie gefühlt. Dass er etwas anders war, merkte er nur hin und wieder, wenn er nicht bei Freunden übernachten durfte oder als einziger in seiner Klasse ein bestimmtes Fest feierte.

Orkan wurde zehn Jahre alt, und einiges änderte sich. Seine Mutter lernte einen neuen Mann kennen, heiratete ihn und Orkan hatte die Vaterfigur, die ihm sein Leben lang gefehlt hatte. Orkans neuer Vater übernahm die Aufgaben, die ihm traditionell zugeteilt waren. „Er hat mir beigebracht, was es heißt, Moslem zu sein", sagt Orkan. „Das ist im Islam so üblich." Die Männer bringen den Söhnen die Religion bei. Zusammen lasen sie den Koran, beteten und unterhielten sich über Religion. Immer und immer wieder und Orkan machte das so viel Spaß, dass er mit Begeisterung bei der Sache war. Er ging regelmäßig in die Moschee und in die Koranschule. Das bedeutete natürlich auch Einschränkungen. „Während die anderen Kinder im Schwimmbad waren, saß ich in der Koranschule", erinnert er sich. „Aber ich fand das toll. Ich habe nichts vermisst." Orkan hatte nie das Gefühl, dass ihm irgendetwas fehlen würde. Ganz im Gegenteil. Zum ersten Mal schien alles komplett zu sein: Er hatte seine Freunde, die fast alle Deutsche waren. Er hatte endlich einen Vater und den Glauben, der ihn erfüllte. Das Hin- und Herspringen zwischen den Kulturen war für ihn kein Problem, nach wie vor nicht, und er konnte sich perfekt integrieren. Orkan war das, was man heute Musterbeispiel für Integration nennen würde und er war

glücklich mit sich selbst und seinem Leben.

Als Orkan ungefähr fünfzehn Jahre alt war, wurde alles etwas komplizierter. Denn da stand plötzlich und frech grinsend seine Sexualität vor ihm und wollte, dass er sie kennen lernte. Und als er das tat, wurde Orkan klar, dass er Jungs sehr viel interessanter fand als Mädchen. „Ich wusste, das ist nicht normal", erinnert sich Orkan. Er hatte von vielen anderen Moslems gehört, dass das etwas schlimmes ist. Hatte mitbekommen, wie sie über die Schwulen redeten, dass es eine Sünde sei und verboten. Orkan versuchte, die Gefühle, die er hatte, unter den Tisch zu kehren. Immer und immer wieder. Ein Sünder wollte er nicht sein, also auch nicht schwul. Aber je häufiger Orkan seine Gefühle verleugnete, desto stärker wurden sie. So stark, dass er sie irgendwann nicht mehr wegdiskutieren konnte. Konflikt. Einerseits wusste er, dass er schwul ist. Andererseits wusste er aber auch, dass er das eigentlich nicht sein sollte. Jahrelang brachte seine Oma ihm bei, wie er als türkischer Mann zu leben habe. Sie bläute ihm ein, dass er später einmal eine Familie haben würde. Mit einer Frau und Kindern. Eine Spielregel, die Orkan gerne erfüllt hätte. „Als Türke musst du heiraten und Kinder in die Welt setzen, damit du deinen Nachnamen weitergeben kannst. Das ist in unserer Kultur sehr wichtig", erklärt er. Würde Orkan wirklich schwul sein, könnte er seinen Nachnamen nicht weitergeben. Geschwister hat er nicht. „Ich bin der einzige in meiner Familie, der den Namen noch trägt. Er wird also aussterben, wenn ich keine Kinder kriege." Ganz davon abgesehen, was seine Familie sagen würde, wenn er ihnen davon erzählte. Seine Mutter, die sich auf Enkel freute. Die

Oma, die in ihrer Welt voller Traditionen lebte und der Vater, der ihm den Islam gelehrt hatte. Einige Zeit lang verdrängte Orkan seine Gefühle. Immer, wenn er Jungs nachschaute, ohrfeigte er sich geistig selbst. Das half für den Moment, aber auf Dauer gesehen war das keine Lösung. Irgendeinen Weg müsste es geben, diese Gefühle loszuwerden, da war sich Orkan sicher.

Er ging ins Internet und fing an, sich über Homosexualität zu informieren. Über seine Gefühle und das, was damit zusammenhängt. Ging ins Internet und recherchierte so, als müsste er in der Schule ein Referat halten – ähnlich emotional war er bei der Sache. Er recherchierte stundenlang. Er las sich durch Internetseiten und las und las und je mehr er las, desto mehr freundete er sich mit dem Gedanken an, schwul zu sein. Wusste plötzlich, dass er mit diesem "Problem" nicht alleine ist. Dass es noch viele andere homosexuelle Menschen auf der Welt gibt, bestimmt auch Moslems, obwohl er darüber keine Informationen finden konnte. Dass Schwule keine schlechteren Menschen sind als Heterosexuelle und dass seine Sexualität den Charakter nicht verdirbt. Langsam wurde ihm klar: du bist schwul.

Wow, was für ein Gefühl. Gewissheit haben, mit sich selbst im Reinen sein. So intensiv und schön. Orkan war glücklich, war überglücklich und glaubte, dass ihm jetzt die Welt offenstand. War auf einem Höhenflug und wollte immer mehr wissen, mehr und mehr über sich selbst. Vor allem wollte er wissen, wie er seine Sexualität und seine Religion unter einen Hut bringen konnte. Das würde nicht leicht werden, klar.

Aber auch wenn die anderen nur schlecht über Schwule redeten, war sich Orkan sicher, dass es irgendeinen Weg geben muss. Seinen Vater wollte er nicht fragen. Der würde es dem Rest der Familie sagen und das wollte Orkan nicht – noch nicht. Wichtiger war erst mal er selbst. Der einzige, den er also fragen konnte, war der Imam. Der Vorsteher seiner Gemeinde, der den Koran kannte und vor dessen Weisheit Orkan großen Respekt hatte. Er packte all seinen Mut zusammen und ging zum Imam. Stellte seine Frage ganz hypothetisch. So, als wäre er selbst nicht betroffen, sondern als wollte er nur einmal wissen, wie das gehen könnte mit der Homosexualität und dem Islam. Die Antwort des Imam war ziemlich knapp. „Hoffentlich bist du's nicht", hatte er gesagt und Orkan dabei besorgt angeschaut. Erzählte ihm dann, wie schlimm Homosexualität sei und dass es im Koran stünde. Mehr oder weniger das Totschlagargument schlechthin. Orkan weiß noch genau, was er in dieser Situation dachte: „Da ist für mich die Welt untergegangen. Diese Worte schmerzten, als ich sie hörte. Sie peitschten mir ins Gesicht." So richtig konnte Orkan das nicht glauben. Dass es scheinbar für ihn keinen Platz gibt in der Gemeinde. Er ging nach Hause und setzte sich vor den Koran. Suchte die Textstellen, die der Imam ihm gegeben hatte. Die Textstellen, wo angeblich etwas zu Homosexualität stand. Fand nicht das, was der Imam ihm gesagt hatte und setzte sich vor das Internet. Suchte dort weiter und fand schließlich auf mehreren Seiten die Antwort, nach der er gesucht hatte: „Homosexualität wird im Koran nie erwähnt. Wenn man möchte, kann man sie an einigen Stellen hineininterpretieren. Ich bin der Meinung, dass der Koran an diesen Stellen falsch ausgelegt wird." Interpretationen fand Orkan schon immer doof. Bei ihm zählen nur Fakten – sonst wäre er nie Unternehmensberater geworden.

Die Erkenntnis, dass der Koran vom Imam falsch ausgelegt wurde, trieb Orkan zu einer Entscheidung. Er wollte nicht Teil einer Glaubensgemeinschaft sein, die ihn diskriminiert. Dafür war er zu stolz. Wäre er auch heute noch, wenn er dieselbe Situation durchleben müsste. Also beschloss Orkan, den Glauben hinter sich zu lassen. So schwer es ihm auch fiel wusste er, dass kein Weg daran vorbeiführte. Er stellte den Koran wieder ins Regal. Dort steht er heute noch, im Wohnzimmer seiner Eltern. Seit diesem Tag hat Orkan nie mehr wieder eine Moschee betreten. Glaubt zwar noch an Gott, aber außerhalb von Institutionen, die keinen Platz für ihn zu haben scheinen.

Mit diesem Schritt war Orkan plötzlich alles klar. Wenn ihn seine Sexualität so sehr beschäftigt, wenn er dafür sogar den Koran im Bücherregal verstauben lässt, muss wohl etwas dran sein. Orkan ist schwul. Basta. Er wählte sich wieder ins Internet ein. Wollte weitere Informationen haben. Weg von der Oberfläche, rein in das Detail. Orkan graste sämtliche Suchmaschinen ab. Fand heraus, wie man ein Coming-out organisieren kann und welche Schwierigkeiten dabei auf ihn zukommen könnten. Bekam Antworten auf fast alle Fragen, nur eine blieb unbeantwortet. Gibt es andere schwule Türken? Er las ständig von deutschen Schwulen und den Problemen, mit denen sie konfrontiert werden. Klar – die meisten Probleme hatte Orkan auch. Aber er hatte als Türke noch ganz andere Probleme, auf die er keine Antwort fand. „Ich fühlte mich wie auf einer einsamen Insel, hätte mir eine Art Vorbild gewünscht. Ein anderer schwuler Türke, der das gleiche durchgemacht hat wie ich." Und vor allem wollte Orkan endlich wissen, wie das so ist, wenn man einen anderen Jungen liebt.

Bei seinem Streifzug durch das Internet war er auf ein Portal für schwule Jugendliche gestoßen. Dort hatte er sich registriert und umgeschaut, ein bisschen mit anderen Schwulen im Chat geredet und Kontaktanzeigen gelesen. Davids Anzeige fiel ihm dabei ganz besonders auf. Sie war nett geschrieben, eigentlich gar nicht anders als die restlichen Anzeigen. Trotzdem war da irgendetwas, was Orkan neugierig werden ließ. In Davids Profil hatte er erfahren, dass er auch aus Karlsruhe kam. Ein anderer schwuler Jugendlicher in Karlsruhe – alleine schon dieser Gedanke faszinierte Orkan so sehr, dass er auf die Anzeige von David reagierte. Er schrieb ihm eine nette E-Mail, wartete stundenlang auf die Antwort und als die dann kam, schlug sein Herz ganz schnell. Eine knappe Woche lang schrieben sie sich Mails und immer wieder machte Orkans Herz Sprünge, wenn

er eine neue Mail von David bekam. Nach einigen Tagen folgte die Chatterei. Stunden unterhielten sich die beiden online, beschnupperten sich gegenseitig, bis Orkan irgendwann merkte, dass er für David schwärmte. So erklärte er sich zumindest dieses Kribbeln im Bauch, das er ständig hatte – auch, wenn er nicht online war.

Blöd an der ganzen Sache war nur, dass Orkan in wenigen Tagen in die Türkei fliegen würde. Hunderte Kilometer weg von Karlsruhe, weg von David und nur noch selten die Möglichkeit, ins Internet zu kommen. Während der Sommerferien flog Orkan nämlich immer mit seiner Mutter und Oma in die Türkei, den

Rest der Familie besuchen. Das dauerte, die Familie ist groß und außerdem sieht man sich viel zu selten. Keine Chance, zu Hause in Karlsruhe zu bleiben. Unmöglich. Mit jedem Kilometer, den das Flugzeug zurücklegte, vermisste Orkan David mehr. Er war verliebt in einen Jungen, den er nur aus dem Chat kannte und er wusste, dass er mit diesem Jungen nun vier lange Wochen kaum Kontakt haben würde. Ständig musste Orkan an David denken. Beim Aufstehen, beim Mittagessen; wenn er am Strand lag und abends, wenn er ins Bett ging. Nur hin und wieder eine Mail – ein vergleichsweise schwacher Trost. Orkan schrieb David eine Postkarte: „Jeden Abend muss ich vor dem Einschlafen an dich denken – an deine wunderschönen blau-grünen Augen und morgens, wenn ich aufstehe, bist du mein erster Gedanke.“ Genau so hatte er es geschrieben und als er die Postkarte in den Briefkasten warf, fühlte er sich gut. Er verabredete sich mit David für den Tag, an dem er nach Karlsruhe zurückkommen würde. Nicht im Chat. Sondern in real, von Angesicht zu Angesicht. Vorfreude ist die schönste Freude.

Es war ein Samstag Nachmittag. Orkan hatte kaum geschlafen, er war über Nacht geflogen, hatte zu Hause nur schnell seine Sachen abgestellt und war dann zum Karlsruher Schloss gefahren, dem Treffpunkt. David kam pünktlich. Seine blau-grünen Augen waren wirklich so wunderschön wie auf den Fotos. Sie gingen im Schlosspark spazieren, redeten viel und schauten sich ständig an. Setzten sich auf eine Parkbank, redeten weiter und weiter. Nach einer Weile küsste Orkan diesen Jungen, der ihm so sehr den Kopf verdrehte. Küsste ihn und schmolz nur so dahin. Was die Leute dachten, die auch durch den Park spazierten und an ihrer Parkbank vorbeigingen, war Orkan ziemlich egal. „Ich war beschäftigt, habe diese Leute und das ganze Drumherum einfach ausgeblendet.“ Nach einiger Zeit auf der Parkbank sind die beiden was trinken gegangen. Orkans Mutter war die ganze Zeit über zu Hause und glaubte, dass ihr Sohn Freunde besuchte und am Abend mit ihnen ins Kino ginge. Orkan war sich sicher: er hatte die Liebe seines Lebens gefunden! Das Glück war groß, kaum zu fassen.

Mit David und Orkan verlief alles wunderbar, sie trafen sich heimlich und Orkan lernte mit seiner Homosexualität umzugehen. Je gewöhnlicher er selbst den Gedanken fand, desto größer wurde in ihm der Wunsch, dass auch seine Familie von seiner Homosexualität und David wusste. Früher oder später würde er es ihnen sowieso sagen müssen. Er musste es also ausprobieren, besser zu früh als zu spät, und sollte es schief gehen, müsste er die Konsequenzen ziehen. So wirklich traute er sich dann aber doch nicht „Ich bin schwul" zu sagen. Er machte es viel geschickter, erzählte zu Hause ständig von David, dass sie sich trafen, wie toll er war. Irgendwann sprang seine Mutter darauf an. Eher beiläufig im Gespräch und eher aus Scherz meinte sie zu Orkan: „Du sprichst so viel von diesem Kerl, man könnte fast meinen, du wärst in ihn verliebt", sagte sie. „Ich bin tatsächlich in ihn verliebt", antwortete Orkan und seine Mutter schaute ihn nur entgeistert an. Sie war bedrückt, das wusste Orkan. Aber es war ihm egal – er hatte ihr angeboten, darüber zu sprechen, aber das wollte sie nicht. Zufrieden war Orkan mit dem Ergebnis zwar nicht, aber als er es ihr gesagt hatte, war ihm ein so großer Stein vom Herzen gefallen, dass er einfach nur froh war. Die böse Überraschung kam erst noch.

Am nächsten Tag, als Orkan von der Schule nach Hause kam, stand seine Oma in der Wohnungstür. Verwunderlich, denn erst wenige Tage vorher war sie wieder einmal in die Türkei zu ihrer Familie geflogen. Orkan erfuhr, dass seine Mutter vor lauter Sorge um ihren Sohn in der Türkei angerufen, seiner Oma alles erzählt hatte. Die ließ sich daraufhin sofort zum Flughafen fahren, buchte den nächsten Flug und stand jetzt in Karlsruhe in der Wohnungstür, um ihrem Enkel eine gehörige Standpauke zu halten. Dreißig Minuten ging sie auf und ab, redete wie ein Wasserfall auf ihn ein, während Orkan nur da saß, ohne zu Wort

zu kommen. Sie sagte ihm, dass er Schande über die Familie bringen würde, dass er der Gesellschaft schaden würde, wenn er weiterhin in diesen Jungen verliebt sei. Dreißig Minuten Monolog ohne, dass sie Orkan nach seiner Meinung gefragt hatte. „Meine Gefühle haben gar keine Rolle gespielt", erinnert er sich. Orkan stand einfach nur da, war körperlich anwesend, geistig irgendwo anders. Das, was seine Oma ihm an den Kopf schmiss, versuchte er, abprallen zu lassen. Ließ sich zumindest nicht von seinem Kurs abbringen und war sich nach dem Ende des Monologs noch viel sicherer als zuvor, dass er schwul ist.

Von diesem Tag an wurde es ziemlich still. Seine Oma schwieg es tot, war etwas enttäuscht davon, dass ihre Moralpredigt keine Wirkung zeigte. Seine Mutter auch – hatte vielleicht ein schlechtes Gewissen ihrem Sohn gegenüber. Nur Orkan, der kochte. Wollte nicht mehr zu Hause wohnen, wo er sich selbst verleugnen musste. Als er 18 Jahre alt wurde, zog er mit David zusammen. Seine Oma hielt das für einen schlechten Scherz. „Erst, als ich meinen Schreibtisch abmontierte, merkte sie, wie ernst ich es meinte", erinnert sich Orkan. Seine Mutter war in dieser Zeit sehr still. Aber Orkan wusste, dass es keinen Sinn mehr machen würde. Zu sehr unterschiedt sich sein Leben von

dem, das seine Mutter und seine Oma sich für ihn vorstellten. Und mit dem Auszug von zu Hause in das neue zu Hause mit David, ging auch das schwule Leben los. Jedes Wochenende war Orkan in einem anderen Club. Nicht nur in Karlsruhe, sondern auch in den umliegenden großen Städten. Die ganze Szene wollte er erkunden. „Ich dachte, ich könnte dort vieles erleben und neue Freunde finden", sagt Orkan. Tatsächlich erlebte er viel. Nur neue Freunde konnte er nicht finden. „Das waren alles nur so Hallo-und-tschüss-Freundschaften." Leute, die man zwar kennt, aber irgendwie doch nicht. Die dich immer freundlich anlächeln und wenn du ihnen den Rücken zukehrst, wird aus dem netten Lächeln bitterböse Lästerei. Es dauerte nicht lange, da hatte Orkan keine Lust mehr auf die Szene, auf die Oberflächlichkeit. „Heute habe ich mit diesem schwulen Hedonismus nichts mehr zu tun", sagt er und grinst. Schwuler Hedonismus – dieser Begriff trifft es ziemlich gut, findet Orkan. „Wenn man sein Coming-out hat, ist das wie eine schwule Pubertät," erklärt er. „Man fällt in einen Kreislauf, der darauf abzielt, zu shoppen, zu feiern und den Leuten zu gefallen. Das dient einem höheren Ziel: jemanden in die Kiste kriegen. Oder die große Liebe zu finden, wenn man denn dran glaubt. Ganz egal, ob das klappt oder nicht, am nächsten Wochenende fängt alles von vorne an – ähnlich erfolglos. Man versucht also ständig, irgendwelchen Leuten zu gefallen, mit denen man sowieso niemals glücklich werden wird." Wirklich glücklich wurde Orkan mit David auch nicht. Ein Jahr hielt ihre Beziehung. Dann wurde sie vom Alltag überrollt. „Ich spürte, dass er mich immer weniger liebte. Ich habe vieles versucht, um das abzuwenden, aber es hat alles nicht geholfen", erinnert er sich.

Mittlerweile ist Orkan über David hinweg. Es dauerte zwar, aber es funktionierte. In der Trennungsphase hatte er viel Zeit, über Homosexualität nachzudenken und versöhnte sich auch wieder mit seiner Familie. Man spricht nicht darüber, aber im Prinzip weiß es jeder. Heute hat Orkan Christoph und ist glücklich. Christoph geht kaum in die Szene und gemeinsam bauen sich die beiden ein bodenständiges Leben auf. „Ich kann meine Freunde überall treffen, dafür brauche ich keine Szene", sagt Orkan mittlerweile. „Mein Leben ist so wie das der meisten anderen, nur, dass ich einen Mann liebe anstatt einer Frau. Und das kann ich als Türke genauso wie als Deutscher."

285 KM

Wenn man die A8 von Karlsruhe nach München fährt, wird einem schnell schwindelig. Rauf auf Hügel, wieder runter, wieder rauf und wieder runter. Immer wieder. Dafür keine Staus und ausgebesserte Straßen. Im Radio läuft „Speed of Sound“ von Coldplay. Schnell wie der Schall sind wir zwar nicht, dafür aber gut gelaunt. Jakob ist mit an Bord. Ein Freund von Matthias, den wir mit nach München zu seiner Freundin nehmen. Bis München ist noch weit und vorher müssen wir an seltsamen Orten vorbei. „Urfunde in Holzmaden“, sagt ein Schild an der Autobahn. Eines dieser Schilder, die sagen, was es so tolles zu sehen gibt in den Orten, an denen man vorbeifährt. Dinge, die man sich sowieso nicht ansieht. Wie passen Urfunde in Holzmaden? Wir fahren vorbei an Blautopf, an Blaubeuren und an Weil der Stadt. Weil der Stadt muss ein trostloses Fleckchen Erde sein; kann sich noch nicht mal einen grammatikalisch korrekten Ortsnamen leisten.

Auf einem Rastplatz kurz vor Augsburg spielen Kinder. Laut und albern, wie Kinder auf Rastplätzen nun mal sind. Unbeschwert und unbedacht, das ganze Leben noch vor sich. Ob eines dieser Kinder wohl Max heißt? Oder Felix?

KARLSRUHE - MÜNCHEN

MICHAEL / 24 / MÜNCHEN

»ICH WAR AUF EINER FLUCHT - AUF EINER FLUCHT VOR MIR SELBST.«

An der Wand hängen zwei halbnackte Frauen. Ziemlich nackt, nur hier und da ein kleines bisschen Stoff. Soll wahrscheinlich Anstand suggerieren, der Stoff, tut er aber nicht: Er ist transparent. Ein bisschen Popo blinzelt durch den transparenten Stoff hindurch und soll die Männer scharf machen. So scharf, wie die eine Frau gerade zu sein scheint. Sie schaut die andere ziemlich eindeutig an. Die andere allerdings blickt verschämt auf den Boden. Als wäre es ihr peinlich, in Michaels Zimmer halbnackt an der Wand zu hängen. Der schaut das Poster an. „Gehört nicht mir", sagt Michael und lacht. „Ist vom Vermieter, der ist anscheinend heterosexuell." Vieles hier gehört dem Vermieter. Das Bett, der Schreibtisch, die Bücherregale. Sogar das Badezimmer. Michael lebt im Studentenwohnheim zur

Untermiete für ein paar Wochen. Ihm gehört nur der Inhalt eines Koffers, einer Tasche und eines Rucksacks. Ein paar Schuhe, die unter dem Schreibtisch stehen, mehr nicht. Mehr braucht er auch nicht, denn in seinem Zimmer ist Michael nur, wenn er schläft. Also sehr selten, denn seine Tage verbringt Michael momentan in den Redaktionsräumen einer großen Münchener Tageszeitung. Wieder ein Praktikum. Eines von vielen, das Michael in seinem Leben schon absolviert hat. Bei Nachrichtenagenturen, bei Magazinen und Zeitungen, damit aus Michael später einmal ein ordentlicher Journalist wird. Dass Michael deshalb wenig Freizeit hat, nimmt er gerne in Kauf. Er hat ein Ziel, und auf dieses Ziel arbeitet er hin. Schon sein ganzes Leben lang. Verplant die Semesterferien mit Praktika und Seminaren, alles neben seinem Studium. Deshalb kommt man ziemlich ins Staunen, wenn man Michaels Lebenslauf liest und all die Namen der Redaktionen, für die er gearbeitet hat. Wenn man dann hört, für wen er noch alles arbeiten möchte, steht fest: Schön. Und die Frage drängt sich auf, ob Michael überhaupt groß lebt neben all der Arbeit. Müsste Michael diese Frage beantworten, käme er in Bedrängnis. Arbeit macht doch auch Spaß und ein bisschen Freizeit gibt's trotzdem, hätte er bis vor wenigen Monaten noch geantwortet. Heute würde er sagen, dass er trotzdem einiges nachzuholen hat. Vor allem die Gefühle. Sei es eine große Liebe oder auch nur ein One-Night-Stand. Gefühle machen Mühe, vor allem, wenn man solche Gefühle lieber nicht hätte. Also weg damit, gar nicht erst beachten und so tun, als gäbe es das nicht.

Fast 24 Jahre hatte das wunderbar funktioniert. 24 Jahre, bis es plötzlich nicht mehr ging. Bis er sich eingestehen konnte, schwul zu sein. Eingestehen musste. Sein ganzes Leben lang hatte Michael an einem Staudamm gewerkelt. Hatte ihn immer dicker werden lassen, damit er erfolgreich das staute, was Michael am wenigsten gebrauchen konnte: diese speziellen Gefühle. Immer wieder hat Michael nachgebessert. Hat den Staudamm größer werden lassen und fester. Wog sich in Sicherheit, bis der Staudamm schließlich brach und die Gefühle über ihn rollten. Michael konnte sich nicht wehren und eigentlich war er froh darüber. Endlich frisches Wasser in der trockenen Wüste.

Das Material des Staudamms war alt, stammte irgendwann aus Michaels Kindheit. Er war ein sehr stilles Kind gewesen. Fast schon harmoniesüchtig. Und vor allem: ein braves Kind. Immer gewillt, die Erwartungen zu erfüllen, die man an ihn stellte. Erwartungen gab es viele, von verschiedenen Seiten: seine Freunde, seine Eltern, seine Lehrer, seine Mitschüler. Seine Lehrer wollten, dass er etwas lernte. Das sah Michael ein und entwickelte Freude daran. „Schule macht einfach mehr Spaß, wenn man Erfolg hat", sagt Michael heute noch. Einige seiner Mitschüler haben das wohl nicht so ganz verstanden und manch einer mag ihn als „Streber" abgestempelt haben. Jemand, der immer seine Hausaufgaben machte und immer gute Noten schrieb. Im Unterricht nett lächelte und aufpasste. „Ich wusste, dass ich nicht bei den Coolen bin", erklärt Michael. Damit musste er leben. Genau so wie mit der Tatsache, dass er noch nie eine Freundin gehabt hatte. Das war ganz normal in seiner Clique, die hatten alle noch nie einen Freund oder eine Freundin gehabt. „Einen Großteil unserer gemeinsamen Zeit haben wir damit verbracht, uns gegenseitig zu bemitleiden", erinnert sich Michael. Man blickte auf die Paare auf dem Schulhof, die eng umschlungen knutschend irgendwo in der Mitte standen, damit sie auch jeder sehen und sich denken konnte: mein Gott, müssen die glücklich sein.

Seine Eltern störte es nicht, dass Michael nie eine Freundin gehabt hatte. Die freuten sich über ihren ruhigen, erfolgreichen Sohn. Ein Sohn, mit dem man sehr zufrieden sein konnte. Der es seinen Eltern recht machen wollte. Nicht mal in der Pubertät gab es Probleme mit Michael. Kein Streit, keine Frechheiten, noch nicht mal Drogen oder Alkohol. Obwohl das doch

eigentlich die konfliktreichste Zeit sein soll im Leben eines jeden Menschen. Bei Michael war das anders. Nicht süchtig nach Zigaretten, sondern nach Harmonie. Ein so lieber Junge wird schon eine Frau finden, glaubten seine Eltern. Früher oder später und wenn es später wird, ist das auch okay. Hauptsache heiraten, Kinder kriegen und in ein schönes Reihenhäuschen ziehen am Stadtrand, so wie sie das selbst getan hatten und wie es üblich ist im beschaulichen Trier. In dem Homosexuelle im Stadtbild nicht vorkommen. In dem man das Wort schwul vielleicht als Schimpfwort kennt und Schwule höchstens aus Köln. Dann aber auch nur die aufgetakelt-stöckelige Version, die in der Fußgängerzone ihre Mitmenschen provoziert. Wenn man in Trier von Schwulen sprach, dann immer mit einem bissigen Unterton. Die Schwulen mit ihren Stöckelschuhen und der Federboa, nein nein nein. Michael übernahm diese Vorstellungen zum Thema Homosexualität und natürlich auch zum Thema Zukunft. Denn wie sollte es auch anders sein? Das war ganz selbstverständlich, so sah die Welt aus. All das zusammen formte den Staudamm, der so massiv schien und es scheinbar doch nicht war.

Hinter dem Staudamm staute es sich – so soll es sein, so weit so gut. Trotzdem rumorte es in Michael, manchmal nicht so sehr, manchmal aber ganz gehörig. Er konnte nicht ganz ignorieren, wenn er sich mal wieder verknallte. Das passierte hin und wieder und wenn es passierte, dann waren es doch eher Jungs, in die er sich verguckte. In der achten und neunten Klasse war Michael für fast zwei Jahre in einen Jungen verknallt. So richtig. Er hatte seine Adresse in einem Telefonbuch gesucht und sie gefunden. Schaute den Jungen immer an, während er mit seinen Freunden in der Pause stand und sie sich gegenseitig bemitleideten, während irgendwo in der Mitte des Schulhofs eines dieser Paare stand, eng umschlungen und so glücklich,

dass es fast weh tat in den Augen. Aus Michael und dem Jungen wurde nichts. Kein Glück und keine engen Umschlingungen auf dem Schulhof.

Michael surfte regelmäßig im Internetraum an seiner Schule. Wenn er alleine war, surfte er auch auf schwulen Seiten. Die gefielen ihm. Da gab es nette Texte über schwule Jungs, auch einige schöne Bilder. Michael verbrachte viel Zeit auf diesen Seiten, fühlte sich da fast zu Hause. So viel Information. Michael schaffte es zwar, diese Informationen aufzunehmen, aber auf sich selbst beziehen konnte er sie nicht. Das ging nicht. Er konnte einfach nicht schwul sein. Das war unmöglich, passte nicht in sein Welt- und Lebensbild, nicht in die Enge Triers, nicht zum Eigentumshaus. „Natürlich gab es Anzeichen", erinnert sich Michael. „Aber darüber habe ich gar nicht nachgedacht.

Schließlich war ich doch auch in Simone verliebt." Simone. In die war er wirklich verliebt. „Ganz starke Gefühle" waren das, sagt Michael. So starke Gefühle, dass man die nicht einfach wegargumentieren konnte. Wieso sollte er also schwul sein? Das passt doch nicht. Ein Schwuler könnte nicht in Simone verliebt sein, das geht nicht. Also kam Michael zu folgendem Schluss. „Ich bin heterosexuell und habe bisher nur noch keine Freundin gehabt. Dass ich Jungs anziehend finde, ist normal. Das ist nur eine Phase, das geht vorüber."

Mehr war nicht möglich, zumindest zu diesem Zeitpunkt nicht. Denn sie stand schon in seinem Rücken: die massive Wand des Staudamms. Groß und unüberwindbar. Michael stieß an seine Grenze. Die ganze Zeit lebte er im kleinen Städtchen Trier, lebte jeden Tag seinen Alltag und hatte gar nicht bemerkt, wie sehr der Staudamm gewachsen war. Erst nach seinem Abitur, mit dem Zivildienst, änderte sich die Perspektive. Ein ganz neuer Lebensabschnitt, ein Lebenseinschnitt. Als Michael den Staudamm aus der neuen Perspektive sah, war er etwas erschrocken. So mächtig und stolz, und erst recht so unüberwindbar. Dabei wären jetzt die Voraussetzungen, ihn zu überwinden, ziemlich gut gewesen. Simone sah er nicht außerhalb der Schule und nach dem Abitur war sie schnell vergessen. Michael war praktisch klar, dass er schwul ist. Dass das aber nicht ging, daran glaubte er nach wie vor. Deshalb wurde der Staudamm zur Sicherheit um ein paar Meter aufgestockt. Damit auch wirklich nichts passieren konnte.

Nach dem Zivildienst verließ Michael Trier und zog nach Erfurt. Ewig weit weg von der Kleinstadt seiner Jugend, keine Eltern mehr in der Nähe, dafür Freiheit und selbst organisiertes Leben. Dass das selbst organisierte Leben auch schwul hätte werden können, war durchaus eine Option. „Der Auszug war ein großer Einschnitt in meinem Leben", sagt er, „und ich hätte ihn nutzen können, um in eine schwule Jugendgruppe zu gehen." Er wusste, dass es so etwas gab in Erfurt. Er wusste auch, wann sie sich traf und wo. Wie sie hieß und all das. Er hatte sich informiert, aber er traute sich nicht, diese vagen Wünsche in konkrete Realität umzusetzen. Wartete wochenlang auf den richtigen Augenblick und wartete und wartete, bis irgendwann auch sein Leben in Erfurt zum Alltag geworden war. Eingespielter Alltag mit Freunden und einer WG und natürlich erwarteten alle, dass Michael heterosexuell wäre. Wieso auch nicht, heterosexuell ist schließlich erst mal ein Jeder und Michael traute sich wieder nicht, diesen Erwartungen vielleicht nicht zu entsprechen. Wovor er genau Angst hatte, was ihn genau abhielt, sich endlich mal gegen die Erwartungen der anderen zu stellen, das kann er bis heute nicht sagen. Anstatt sich der Realität endlich zu stellen, lebte Michael mit einer hervorragenden Verdrängungsleistung. Vielleicht einer noch besseren Leistung als seine Schulleistungen: Einerseits war ihm klar, dass er schwul sein muss. Und wenn er darüber nachgedacht hätte, wäre er zu keinem anderen Schluss gekommen. Michael dachte aber nicht darüber nach. Vergaß einfach, dass er gerne mit Jungs zu tun gehabt hätte, vielleicht mal einen küssen und dann weiter sehen. Vergaß, dass er zur Jugendgruppe hätte gehen können und dort glücklich geworden wäre. Stattdessen stellte er sich vor den Spiegel und sofort war wieder klar: Du kannst nicht schwul sein. Das war immer noch unmöglich, er war anders, nicht aufgetakelt-stöckelnd und erst recht ohne Federboa. Außerdem waren da noch die Erwartungen seiner Eltern, die Erwartungen an ihn selbst. Das eigene Haus und so, und auffallen wollte er schließlich auch nicht. Denn das würde automatisch auch Anecken bedeuten, und dafür ist Michael nicht geschaffen, dafür ist er zu harmoniesüchtig. Dieses Hin und Her machte ihn fertig. Deshalb erzählte er niemandem auch nur ein Wort. Vermied jegliches Gespräch über das Thema Homosexualität. Und wenn es doch einmal passierte, zum Beispiel in diesem Soziologie-Seminar an der Uni, in dem der Professor fünf Minuten über Homosexualität

sprach, platzte Michael fast vor Panik. Allein fünf Minuten über dieses Thema zu sprechen, es real vor sich zu sehen, als ganz normal und zwischen anderen Leuten verhandelt. Die Mitschriften dieses Seminars waren total krakelig, das kann man heute noch sehen, und seine Hände waren so feucht, dass die Tinte verwischte. Er versuchte, nicht rot zu werden. Wie immer in solchen Situationen. Seine Mimik zu kontrollieren und ganz normal zu wirken. Als würde er sich sonst jeden Augenblick in ein Monster verwandeln, wenn er sich jetzt nicht selbst kontrollierte. Verwandelte sich aber nicht.

Zu dieser Zeit ging es auch los mit den ganzen Praktika. Wer arbeitet, kann nicht mehr nachdenken. Dann gibt es andere Dinge, auf die man sich konzentriert. Konzentrieren muss. Michael verplante jede freie Minute. War ständig unterwegs und wenn ihn jemand fragte, wie es ihm ginge, antwortete er auch bei guten Freunden mit einer langen Erzählung über Universität oder die aktuelle Arbeit. Wie ein Epos, das er erzählen musste. So stellte er es sich vor, sein Leben, so sollte es weitergehen. Arbeiten. An das Haus und die Familie glaubte er nicht mehr, über eine Alternative dazu, einen Mann, wollte er nicht nachdenken.

Fast drei Jahre lang dauerte diese Phase. Richtig einsam fühlte sich Michael dabei nicht. Er hatte Freunde, eine gute WG. Trotzdem fehlte etwas. Jemand, der ihn am Abend nach der Uni in den Arm nimmt. Ein bisschen kuscheln, vielleicht gemeinsam einen Film anschauen. Einfach fallen lassen und den Stress des Tages hinter sich lassen, ihn vergessen bis der nächste Tag anfängt und das gleiche Spiel von vorne. Dieser Wunsch wurde immer größer. Er verknallte sich erneut, bis über beide Ohren, diesmal in einen Jungen mit einem süßen schwäbischen Akzent, der Gregor hieß. Ein Erstsemestler. Während seines Referats schaute er Michael ganz kurz an, nur ein Augenblick, aber der reichte, dass Michael ganz nervös wurde. „Das war so ein heftiger Moment", erinnert er sich. So intensiv, so schön. Und kaum hatte er das gedacht, zwinkerte ihm die unglaublich dicke Mauer seines Staudamms zu und machte alle schönen Gefühle kaputt.

Eines Abends, Michael machte wieder ein Praktikum, diesmal in Stuttgart, saß er alleine in seinem Zimmer und sah sich dazu gezwungen, sich mit sich selbst zu beschäftigen. Er saß wieder vor schwulen Internetseiten und war mies drauf. Überlegte, in den Film ‚Sommersturm' zu gehen, hätte darauf richtig Lust gehabt. Aber es ging nicht, er ging nicht. Der Kinokartenverkäufer hätte denken können, Michael sei schwul. Hätte ihn ansehen können, vielleicht irgendetwas blödes sagen können, anstatt nur dazusitzen und Karten zu verkaufen. Denn das ist sein Job, da hat er keine bösen Absichten dabei. Aber Michael hatte Angst. Angst sich zu outen, wenn er eine Kinokarte für ‚Sommersturm' kaufen würde. „Ein so abstruser Gedankengang", sagt Michael und schüttelt den Kopf. Fast schon paranoid.

Als er das Praktikum beendet hatte und zurück war in Erfurt, war alles wieder wie immer. Ziemlich Alltag. Allerdings nicht für lange Zeit, das Bachelor-Studium ging zu Ende und für seinen Master zog Michael nach Düsseldorf. Eine neue Großstadt, ziemlich anonym und wieder hätte Michael die Möglichkeit gehabt, sich gleich in sein schwules Leben zu stürzen. Aber es ging wieder nicht. „Ich war mir selbst das größte Hindernis", sagt Michael heute. Und: „Man redet sich ein, alle Welt hätte ein riesiges Problem damit, weil man selbst ein Problem damit hat.“ Es passierte fast ungewollt, aber Michael realisierte, was er falsch machte. Er war sich selbst das größte Hindernis. Wenn das so ist, dann ist er auch der einzige, der etwas daran ändern kann. Ändern möchte und verdammt noch mal auch ändern sollte. Ohne dass Michael es gewollt hatte, fing der Staudamm plötzlich an, rissig zu werden. Er kannte noch nicht viele Leute in Düsseldorf, der Wunsch nach einer Beziehung und nach Nähe wurde immer stärker. Immer und immer wieder surfte er schwule Internetseiten an und als er eines Tages unbedarft im Internet herumklickte, wurde ihm bewusst: „Du bist schon lange Teil dieser Welt.“ Dieser schwulen Welt, vor der er sich so lange schützen wollte. Plötzlich war alles so klar, so hell und die Erkenntnis strahlte ihm ins Gesicht. Es war plötzlich so normal, dass er auf Jungs stand und nie eine Freundin haben würde. Dass er lieber einen Jungen als ein Mädchen küssen möchte und ein Mädchen ihm auch nicht sehr dabei helfen könnte, abends in Ruhe bei ein bisschen Gekuschel und einem guten Film zu entspannen. Aber wie es weitergehen sollte, das war ihm noch überhaupt nicht klar.

Zeit verging, das hat sie so an sich: die nächsten Semesterferien, das nächste Praktikum. Berlin. An einem der letzten Abende nimmt er all seinen Mut zusammen und beschließt, zur Jugendgruppe zu gehen. Wenn man in Berlin nicht tolerant ist, wo bitte dann? „Ich hatte richtig Panik, als ich um die Straßenecke bog“, erinnert sich Michael. Es war schon recht spät, und als er vor dem Haus stand – Mensch, kostete das Überwindung, er war erst einige Male darum herumgelaufen – merkte er, dass es bereits zu spät war. Das Treffen hatte sich schon aufgelöst, der ganze Mut war umsonst gewesen und er total enttäuscht. Aber immerhin: er hatte sich getraut. Wieder ein gewaltiger Riss im Staudamm. Als Michael zurück nach Düsseldorf kam, ging gar nichts mehr. Ihm ging es scheiße, sogar körperlich. Kein Antrieb

mehr, die Motivation war weg, irgendwo in Berlin vergessen, er wusste es nicht. „Ich hätte den ganzen Tag im Bett verbringen können. Schlafen, hin und wieder etwas essen, zur Uni gehen, schlafen." Das ging einige Tage so, bis er in der Uni mit einem Studienfreund zusammenstieß. Ziemlich erschrocken blickte der ihn an. Fragte ihn, ob er krank sei, er sähe so schlecht aus. Das traf Michael, denn er wusste, woher das alles rührte: „Du musst etwas tun – das macht dich krank."

Michael setzte sich auf sein Bett und dachte nach. Darüber, dass es endlich raus musste. Er suchte Hilfe bei einer guten Freundin. Traute sich nicht, es ihr zu erzählen, so sehr er es auch versuchte. Die Gelegenheit war einfach nicht da, glaubte er. Gibt es eine richtige Gelegenheit für so was? Erst bei einem zweiten Anlauf am Telefon gelingt das Unmögliche. Michael bringt es endlich über die Lippen. „Ich glaube, ich bin schwul", sagt er. Nicht „Ich bin schwul", sondern nur „Ich glaube, ich bin schwul." Trotzdem: es wirkte. Danach ging es ihm schlagartig besser. Er hätte Sirtaki tanzen wollen, so gut ging es ihm. „Es tut so gut, über etwas zu reden, das man jahrelang in sich hineingefressen hat." Die Welt hätte er umarmen können vor lauter Freude über das Eingeständnis. „In diesem Augenblick war der Staudamm gebrochen“, sagt Michael. Die Flut ergießt sich über das ausgetrocknete Land. Es war höchste Zeit. Lange hätte die Wüste das nicht mehr geschafft, ganz ohne Wasser. So ganz ohne Gefühle. Selbsterkenntnis tut gut.

Die Reaktion der Freundin war denkbar gut. Kein betretenes Mitleid, kein „Das tut mir jetzt aber Leid“, sondern ein aufmunterndes „Das kriegen wir schon hin!“ Die Freundin kannte einen anderen Schwulen, den sie Michael vorstellte. Ein leibhaftiger Schwuler, mit dem man sich unterhalten kann. Michael und der andere trafen sich in einem Restaurant und überhielten sich über ihre Sexualität. Ziemlich unverblümt. „Die Tischnachbarn haben das alles ganz bestimmt mitgekriegt“, erzählt Michael und grinst. „Aber es war einfach schön, mit jemandem darüber reden zu können.“ Der erste Schritt war getan: der Staudamm gebrochen und Michael konnte sich endlich eingestehen, schwul zu sein. Ohne rot zu werden oder in Paranoia auszubrechen. Was es jetzt brauchte, war Zeit. Die Flut an neuen Gefühlen brachte vieles durcheinander. Überall lag Bauschutt des Staudamms in der ehemaligen Steppe, die jetzt schön aufblühte. Bauschutt, der das Landschaftsbild zerstörte. Es wurde Zeit, die Trümmer abzutragen. Michael stürzte sich in das Coming-out. Wie man das macht, wusste er nur zu gut. Er hatte jahrelang Beschreibungen davon im Internet gelesen. Er war quasi schon ein Coming-out-Profi und wusste eines ganz genau: „Ich habe viel zu lange mit meinem Coming-out gewartet, da wollte ich es jetzt nicht auf Raten. Ich wollte das ganze Paket. Möglichst sofort“, sagt er. Alle sollten es wissen, die ganze Welt. Ein Coming-out jagt das nächste. Michael hatte geplant: Wer muss es wissen, welche Reihenfolge ist sinnvoll. Nur eine Freundin von ihm sagte, dass sie es geahnt hatte. Die anderen waren ziemlich überrascht, aber nicht unbedingt negativ. Auch, als Michael es seinen Eltern und seiner Schwester erzählt, erntet er gelassene Reaktionen. „Mein Vater hat mich in den Arm genommen und gemeint, ich solle wissen, dass ich auch weiterhin ihr Sohn bleibe. Meine Mutter hat ähnlich reagiert“, sagt er. Der Klassiker. Alles im grünen Bereich und es fühlte sich so toll an. Jahrelang in Angst gelebt zu haben, und jetzt plötzlich ohne Probleme hinauszugehen in die Welt und man selbst sein – Wow. Michael war neugierig, wollte alles kennenlernen. Es fiel ihm auch nicht mehr schwer, darüber zu reden, klarzumachen, dazu zu stehen: er ist schwul. Basta.

Michael ist angekommen im schwulen Leben. Es hat lang gedauert, bis er 24 Jahre wurde. Ob er bereut, so lange gewartet zu haben? „Ja“, sagt er. Er hat vieles verpasst, viel Energie und Zeit verschwendet, es war sehr anstrengend in den letzten Jahren. Dafür lebt Michael jetzt umso intensiver. Möchte auch in Zukunft weiterhin die schwule Szene besuchen, hin und wieder. Schließlich fehlt ihm nach wie vor der Traumprinz. Aber er möchte es auch nicht übertreiben. „Es gibt viele Leute, die ihr Schwulsein zum Hobby machen“, sagt er. Michael ist noch nicht lange dabei, aber hat sofort erkannt, wie es manchmal läuft. „Ich möchte mich nicht über mein Schwulsein definieren.“ Er kann auch anders glücklich werden, ist auch anders glücklich und würde die große Liebe bald an seiner Haustür klingeln, wäre er noch viel glücklicher. Aber das beste ist und bleibt: „Ich kann mich endlich selbst akzeptieren“, sagt er und lächelt.

0 KM

Montagmorgen, viel zu früh. Unser erster freier Tag. Wir sitzen am Frühstückstisch. Zusammen mit Brötchen, die Matthias' Vater für uns gekauft hat. Wir denken nach. Über uns und die Tour. Drei Gespräche haben wir schon geführt. Drei Menschen kennengelernt, die uns ihre Geschichte erzählt haben. Lorenz, der trotz des Regens ständig gelächelt hat. Orkan, der heute wieder zum Arbeiten nach Wien geflogen ist. Und Michael, mit dem wir gestern Abend noch Pizza essen waren. Drei spannende, faszinierende Geschichten. Drei ganz unterschiedliche Geschichten. Im Hintergrund tickt die Standuhr ganz monoton. Ein freier Tag ist kurz, flüstert sie uns jede Sekunde erneut ins Ohr. Als wollte sie uns ärgern, die Uhr. Heute brauchen wir nicht Wohnmobil fahren. Später am Tag wollen wir nach München reinfahren, mit der S-Bahn. In die Stadt, ein bisschen was erleben. Eine Zeitung kaufen, damit Patrick seine Informationssucht stillen kann. Matthias' Freund treffen und gemeinsam etwas Essen gehen. Ein bisschen Ruhe sammeln, damit wir am nächsten Morgen gestärkt wieder nach München fahren können. Uns die nächste Geschichte anhören, von Johannes.

MÜNCHEN - MÜNCHEN

JOHANNES / 22 / MÜNCHEN

»DAS LEBEN MIT EINER LESBISCHEN MUTTER IST VIEL AUFREGENDER.«

Die Tische im Café Kunsthalle in der Münchener Fünf-Höfe-Passage glänzen. Hier ist München so richtig München. Alles ist schick, sogar die Getränkekarte. Johannes liegt in seinem Stuhl, vor ihm stehen eine Weinschorle und ein Glas Leitungswasser. Er weiß, wie er das Leben genießen kann. Auf dem Tisch steht eine Sonnenblume, die hat Johannes von einem anderen Tisch geklaut. Als er die Blume hochhebt, riecht er an ihr. Sonnenblumen riechen nicht, haben aber eine tolle Farbe. Die Farbe des Sommers. Genau dieselbe Farbe wie die Theatinerkirche hier um die Ecke, an der wir uns eigentlich hatten treffen wollen, um dann zusammen in den Hofgarten zu gehen – wenn nicht mal wieder das Wetter dazwischen gekommen wäre. Der Hofgarten ist Johannes' Lieblingsplatz in München, dort genießt er den Frühling, das Aufspringen der Knospen. Die trügerische Ruhe inmitten dieser lauten Stadt, die Schauplatz seines Lebens ist.

Seine ungewöhnliche Geschichte beginnt im Ort Ismaning an der Stadtgrenze der Landeshauptstadt. Wenn Johannes an Ismaning denkt, fällt ihm nur Gutes ein. Seine behütete Kindheit direkt vor den Stadttoren Münchens mit seinen Eltern und seinem Bruder, die idyllische Kleinstadtatmosphäre und der lebendige, aber liebevolle Haushalt, in dem er groß geworden ist. „Ich hatte eine richtig tolle Kindheit, in der ich nie auf etwas verzichten musste", erinnert sich Johannes. Jungs spielten in dieser Zeit noch keine große Rolle in Johannes' Leben - genauso wenig wie Mädchen. Über seine Sexualität hatte er sich nie Gedanken gemacht und dass Männer Männer lieben können, wusste er gar nicht. Interessierte ihn gar nicht. Er war immer davon ausgegangen, später in einem schönen Haus zu wohnen. Mit einer Frau und Zwillingen. Wie eine dieser glücklichen Familien aus den Heimatfilmen der Fünfziger Jahre, die sich ständig anlächeln und gemeinsam tolle Dinge erleben.

Es kam aber anders, ohne Frau und ohne Zwillinge. Ohne gesellschaftliches Normalbild, das Johannes irgendwann nach

einem Familienurlaub in Italien abwarf. Johannes lächelt, als er uns von diesen Ferien erzählt. Er war dreizehn Jahre alt. Eigentlich ein ganz gewöhnlicher, schöner Italienurlaub. Bis ihm eines Nachmittags der Bademeister auffiel. Oder besser: Bis ihm auffiel, dass er jeden Nachmittag den Bademeister anstarrte. „Mir wurde bewusst, wie unglaublich schön dieser Mensch war ein richtig schöner Schwimmer“, erinnert sich Johannes. Er nimmt einen Schluck von seiner Weinschorle und stellt das Glas zurück auf den glänzenden Tisch mit der Sonnenblume. „Ich erinnere mich an seine rote Badehose, den braungebrannten Körper. An seine Muskeln und die schwarzen Haare.“ Johannes gerät noch heute leicht ins Schwärmen, wenn er sich diesen Mann vorstellt. Heute weiß er, wieso ihm der Bademeister nicht aus dem Kopf ging. Damals war dieses Gefühl eher seltsam. Zumal er den Mann jeden Tag wieder sah, wieder anstarrte und anhimmelte - den ganzen Urlaub lang. Auch als er mit seiner Familie zurück in Ismaning war, dachte er noch über den schönen Schwimmer nach. Die Erinnerung wollte einfach nicht verschwinden. In allen passenden und unpassenden Situationen erinnerte er sich plötzlich wieder an die schwarzen Haare und den muskulösen Körper. Immer und immer wieder, bis Johannes langsam ein Verdacht kam: könnte er vielleicht schwul sein?

Um eine Antwort auf diese Frage zu finden, fuhr Johannes in die Bücherei. Dort war er zwar schon häufig gewesen, aber dieses eine Mal war anders. Das flaue Gefühl im Bauch. Fast so, als hätte er irgendetwas verbotenes getan, als er durch die hohen Bücherregale streifte und nach diesen gewissen Büchern suchte, für die er extra hierher gekommen war. Nach Büchern, die ihm erklären sollten, was mit ihm passierte. Nach ein paar Minuten hatte Johannes ein solches Buch gefunden und zog es aus dem Regal. „Ich war total nervös, als ich es in den Händen hielt“, erinnert er sich. Nicht nur, weil er endlich das Buch gefunden hatte. In Ismaning kannte man sich, und er wollte nicht, dass man an der Ausleihe mitbekam, dass er sich so ein Buch nach Hause nahm. Das wäre unangenehm gewesen und Ruckzuck hätten alle geglaubt, dass Johannes schwul ist – obwohl er selbst es noch nicht wirklich wusste. Also legte er das Buch in einem Stapel mit anderen Büchern auf den Tresen, Titel nach unten, Barcode nach oben. Damit die Dame an der Ausleihe gar nicht erst auf die Idee kam, das Buch zu wenden. Hätte ja sein können, dass irgendwer dabei einen Blick auf den Titel warf. Johannes hatte Glück: niemand hatte bemerkt, was für Bücher er in den Rucksack packte und mit nach Hause nahm. Er fing an zu lesen. Aber immer nur, wenn er allein im Zimmer war. Danach wurde es versteckt. Nicht direkt aus Angst - „Ich wollte das erst mal mit mir selbst klären“, erinnert sich Johannes. Unangenehme Fragen seiner Eltern wären das Letzte gewesen, was er jetzt gebraucht hätte. So hatte er die Ruhe, sich über sich selbst klar zu werden. Zu lernen, dass er schwul ist, was das bedeutet und dass es nichts schlimmes ist. „Es ist anstrengend, wenn du herausfindest, schwul zu sein. Trotzdem

wollte ich wissen, was da gerade mit mir passiert“, sagt er.

Die Mühe lohnte sich. Als Johannes das Buch las, merkte er, wie sich sein Leben ähnlich einem Puzzle zusammensetzte. So klischeehaft das auch sein mag: seine Barbiepuppensippschaft, die er als Kind so mochte, das innige Verhältnis zur Mutter, die vielen Freundinnen, mit denen er die Nachmittage verbrachte. Dass das anders war als bei seinem großen Bruder, war ihm immer klar gewesen, aber jetzt ergab es plötzlich einen Sinn. Er las die Geschichten in dem Buch und konnte sie auf sein eigenes Leben übertragen. „Je länger ich in diesem Buch las, desto größer wurde der Wunsch in mir, auch so ein Leben wie diese Schwulen zu führen“, erinnert sich Johannes. Auch, weil er seine Vorurteile über Bord werfen konnte. Zum Beispiel, dass Schwule nicht unbedingt den ganzen Tag ihre Federboa spazieren tragen oder hochhackig durch die Stadt stolzieren. Das Buch machte ihm klar: Schwule und Lesben sind ganz normale Menschen. „So normal wie du und ich“, sagt er und nimmt einen weiteren Schluck von seiner Weinschorle.

Langsam gewöhnte sich Johannes an den Gedanken, schwul zu sein. Schwule gibt es überall in Deutschland und auf der Welt und je länger er darüber nachdachte, desto wohler fühlte er sich bei dem Gedanken, einer von ihnen zu sein. Johannes hält kurz inne und denkt nach. „Die Erkenntnis, schwul zu sein, ist ein bisschen wie Hunger“, sagt er. „Plötzlich ist dieses Gefühl einfach da und man fragt nicht, woher es kommt.“ Es ist natürlich und man lebt damit. Man akzeptiert es, hinterfragt es nicht. Trotzdem traute Johannes sich nicht, seinen Eltern davon zu erzählen. „Ich hätte es auf der einen Seite schon gewollt, war aber vernünftig genug, es vorerst sein zu lassen“, sagt er. Auch sonst musste er noch ein wenig hungern. In der Schule zum Beispiel kam er nun öfter ins Schwärmen. „Ich hätte dem ein oder anderen hübschen Jungen gerne einen Zettel zugeschoben: Hey, lass uns mal ein Snickers essen gehen“, scherzt Johannes. Trotzdem schaffte er es immer wieder, sich zusammenzureißen. Aus einem ganz einfachen Grund: er glaubte, mit seinen 13 Jahren noch zu jung für ein Coming-out zu sein. Schließlich waren alle Schwulen, von denen er bisher gehört oder gelesen hatte, mindestens Anfang Zwanzig. Es nützte alles nichts: Johannes merkte, dass das keinen Sinn mehr machte. Er musste es jemandem erzählen, sonst würde er platzen, und gut wäre das nicht. Johannes fasste all seinen Mut zusammen und erzählte einer guten Freundin, dass er auf Jungs stand. Die Freundin kannte er schon lange, vom Schultheater.

Sie war zwei Jahre älter als er, ein Heavy-Metal-Mädel, die immer in Lederhosen und Rocker-T-Shirts herumrannte. Eine Außenseiterin, so wie Johannes. „Alle fanden mich schon immer etwas komisch, weil ich anders war. Was genau anders an mir war, wusste ich bis dahin selbst noch nicht“, erinnert er sich. Bei einer Probe bat er sie um ein Gespräch unter vier Augen. Er müsse ihr etwas wichtiges erzählen. Nach der Theaterprobe setzten sich die beiden zusammen und Johannes erzählte, aus heiterem Himmel, dass er schwul ist. Das wirkte. An die Reaktion seiner Freundin erinnert Johannes sich nämlich noch sehr gut. „Sie war total geplättet und überrascht“, sagt er. Johannes versucht, den überraschten Gesichtsausdruck seiner Freundin nachzumachen. Ziemlich umständlich verformt er sein Gesicht und bricht dann in Lachen aus. „So ähnlich muss das ausgesehen haben“, sagt er.

Dann wird er plötzlich wieder ernst. „Unsere Freundschaft hat sich durch dieses Coming-out stark gefestigt.“ Es war eine große Nähe entstanden, ein großes Vertrauensverhältnis. Etwas, das Johannes vorher gar nicht kannte. Er hatte endlich jemanden, mit dem er offen reden konnte. Jemanden, mit dem er diskutieren konnte über hübsche Jungs und alles, was damit zusammenhing. Das ließ ihn gute Laune haben und glücklich sein, ein tolles Gefühl von Glück, nach dem man süchtig werden kann. Trotzdem konnte Johannes noch nicht den Mut fassen, es auch seinen Eltern zu erzählen. „Man weiß nie, wie sie reagieren“, erklärt Johannes seine Ängste. Im Kopf inszenierte er sämtliche Szenarien: sein Vater würde nicht mehr mit ihm sprechen. Seine Mutter würde unter Tränen am Küchentisch sitzen. Je länger er darüber nachdachte, desto mehr grausige Szenarien schossen ihm in den Kopf. Auf der anderen Seite hatte Johannes dieses ewige Versteckspiel satt. Er wollte andere Menschen kennenlernen, sich nicht mehr selbst verleugnen müssen. Vor allem aber wollte er endlich einen Freund haben. Jemand, der ihn in den Arm nehmen kann. Jemand, der ihm den

Rücken stärkt. Aber er wollte sich nicht heimlich auf die Suche machen.

Dieses ständige Hin und Her, das Zwischen-den-Stühlen-sitzen, muss Johannes ziemlich mitgenommen haben. Zumindest fiel seiner Mutter auf, dass irgendetwas mit ihm nicht stimmte. Mütterliche Intuition, dagegen kann man sich nicht wehren. „Du kannst immer zu uns kommen und mit uns sprechen, wenn dir etwas auf dem Herzen liegt“, sagte sie ihm und gab damit den Anstoß zu seinem Coming-out. Das war an einem Nachmittag und Johannes war nicht vorbereitet. Aber es musste raus, spontan. Er setzte sich zu seiner Mutter auf die Couch und legte seinen Kopf in ihren Schoß. „Ich wollte sie in diesem Moment einfach nicht anschauen“, erinnert sich Johannes. So, mit dem Kopf auf ihrem Schoß, konnte er frei reden. Musste nicht sehen, wie sie reagierte. Er fasste all seinen Mut zusammen, als ob er auf einen hohen Sprungturm kletterte. Dann nicht mehr nachdenken, über die Höhe. Nicht nach unten ins kleine Becken sehen. Augen zu und durch. Und dann: der Sprung – kurz, schnell, schmerzlos. Er erzählte ihr

alles. Dass er schwul sei, Männer attraktiv findet. Er erzählte von dem Bademeister, von dem Buch, das er in der Bibliothek ausgeliehen hatte und von dem Gefühl, einsam zu sein. Dann wartete er auf eine Reaktion, war im kleinen Schwimmbecken gelandet und versuchte, sich an der Wasseroberfläche zu halten. Wartete fast eine Minute, bis seine Mutter ihn rettete, ans Ufer zog, die erlösenden Worte sprach. „Kein Thema“, sagte sie und Johannes fiel ein Stein vom Herzen. „Wir haben dich trotzdem lieb.“

Die erste Hürde war genommen. Von nun an musste alles gut werden, da war er sich sicher. Auch, wenn vorerst die Fragerei kam. Nach Selbstbefriedigung, der Liebe und dem schwulen Leben. Seine Mutter wollte alles wissen. Johannes fand das ziemlich anstrengend, hatte aber Verständnis. Denn schließlich zeigte ihm die Fragerei, dass seine Mutter die Situation ernst nahm und sie sich für das Leben ihres Sohnes interessierte.

So locker und selbstsicher Johannes' Mutter damals reagierte: innerlich war sie ziemlich angespannt. Das hat sie ihrem Sohn

mittlerweile erzählt. Instinktiv reagierte sie aber perfekt und ließ sich von ihrer Verunsicherung nichts anmerken – mütterliche Intuition eben. Sie erzählte ihrem Mann, dass ihr Sohn schwul ist und gemeinsam versuchten sie, mit der Situation fertig zu werden. Viele Gedanken hatten sie sich nie über Homosexualität gemacht. Das war höchstens ein Phänomen. Nichts, was der eigene Sohn haben könnte. „Es gibt Themen, mit denen man sich als Elternteil vorrangig beschäftigt“, glaubt Johannes. „Da sind der nächste Skiurlaub oder der Haushalt schon wichtiger als das Thema Homosexualität.“ Doch als Johannes sie mit der Realität konfrontierte, mussten sie sich orientieren. Fast so, wie Johannes sich damals orientieren musste, als er in die

Bibliothek ging und sich das Buch auslieh. Johannes' Eltern wählten einen anderen Weg. Sie suchten Rat bei einem offen schwul lebenden evangelischen Pfarrer. Der empfahl ihnen, eine Selbsthilfegruppe für Eltern homosexueller Kinder zu besuchen. „Dort bemerkten sie relativ schnell, dass sie mit ihren Problemen nicht alleine dastehen", erinnert sich Johannes. Und dass es Eltern gibt, die noch viel größere Probleme mit der Homosexualität ihrer Kinder haben. Von nun an gingen sie häufig zur Elterngruppe, beschäftigten sich intensiv mit dem Thema Homosexualität und wussten bald mehr darüber als Johannes selbst.

Der kannte immer noch keine Schwulen in seinem Alter, mit denen er sich hätte austauschen können. Menschen, die gerade das gleiche durchmachen wie er auch und vielleicht einen Rat geben können. Irgendeinen Tipp. Erst, als Johannes' Eltern von der schwulen Jugendgruppe „Tadzio" eingeladen wurden, um beim Jugendtreff etwas aus der Sicht von Eltern eines schwulen Kindes zu erzählen, änderte sich das. Sie fragten Johannes, ob er nicht Lust hätte, mitzukommen. Lust hatte Johannes, wenn auch ein bisschen Angst, aber er hatte schon so viel schwierigeres gemeistert bis dahin. Also setzte er sich ins Auto und fuhr gemeinsam mit seiner Mutter und seinem Vater nach München, ins Schwule Kommunikationszentrum. Johannes erinnert sich noch daran, dass er und sein Vater ungefähr gleich nervös waren. Sie saßen sich gegenüber und versuchten, ein ganz normales Gespräch zu führen, während sie darauf warteten, dass das Treffen losging. Überall Schwule, ganz normale Männer – für die Eltern genauso ungewohnt wie für den Sohn. „Ich war extrem nervös", erinnert sich Johannes an die Reizüberflutung. Überall schwule Jugendliche. „Aber es waren wirklich ganz normale junge Menschen." An seiner Nervosität änderte das allerdings nicht viel. Er war so nervös, dass er kaum von seiner Cola trinken konnte. Trotzdem fühlte er sich von der Gruppe gut aufgenommen. „Ich hatte das Gefühl, endlich im Club zu sein“, sagt Johannes und lächelt breit. Jetzt ging sein Leben los. Ein Leben mit anderen schwulen Jugendlichen, ein Leben unter seinesgleichen, wenn man so will. Er ging jede Woche zum Treffen, lernte neue Freunde kennen und fühlte sich wohl. Und etwas anderes, ganz besonderes, passierte in dieser Zeit: er lernte seinen ersten Freund kennen. „Er hatte mir während eines Treffens einen Brief auf einen Bierdeckel geschrieben“, erinnert sich Johannes. „Melde dich, süße Schnecke“, stand darauf und eine Handynummer. Johannes hatte sein erstes Date sicher. Der Moment, auf den er so lange gewartet hatte. Wenige Tage später traf er sich mit seinem zukünftigen Freund vor dem Kino. Er setzte sich hinten auf dessen Fahrrad und gemeinsam fuhren die beiden in den Englischen Garten. Dort überrollten ihn die Gefühle. Am Abend war Johannes verliebt. Hatte seinen ersten Kuss erlebt und war überglücklich. „Davon habe ich immer geträumt“, schwärmt Johannes. „Ich hatte endlich einen Freund!“ Einen Freund, den Johannes nicht versteckte. Ganz im Gegenteil. Es dauerte nicht lange, da wurde er bereits den Eltern vorgestellt. „Es war, als würde mein Bruder seine Freundin mit nach Hause nehmen.“

Johannes’ Leben normalisierte sich – vorerst. Seine Eltern organisierten sich weiterhin in der Elterngruppe, schrieben Transparente und gingen damit auf CSD-Paraden. Bei einem dieser CSDs wurde seine Mutter von einer fremden Frau, Sandra, angesprochen und zum Kaffee eingeladen. „Meine Mutter war schon immer eine sehr offene Frau“, erinnert sich Johannes. Kein Wunder also, dass sie sich auf diese Einladung einließ. Wer hätte schon damit rechnen können, dass aus diesem Kaffee eine Freundschaft wird? Und aus der Freundschaft eine richtige Beziehung?

Was bei diesem ersten Treffen genau passierte, weiß Johannes nicht. Er erinnert sich nur daran, dass seine Mutter Sandra von nun an öfter traf. Zum Kaffee trinken, zum Shoppen gehen

– sie machten all das gemeinsam, wie zwei gute Freundinnen. Eines Tages verabredete sich Johannes mit seiner Mutter am Feringasee zum Baden. Seine Mutter brachte Sandra mit. Johannes hatte schon viel von ihr gehört, seine Mutter schwärmte ihm regelmäßig von ihr vor. Persönlich kennengelernt hatte er Sandra aber noch nie. Umso erschrockener war er, als er die beiden schon aus der Ferne sah: „Sie lagen gemeinsam auf einer Stranddecke“, erinnert sich Johannes. Dass die beiden zu diesem Zeitpunkt bereits ineinander verliebt waren, konnte er nicht wissen. Erst, als sie wenig später Händchen hielten, schöpfte er einen Verdacht. „Da wusste ich, was Sache ist.“ Die Wahrheit stand splitterfasernackt vor ihm und sprang ihn an. Zuerst konnte Johannes seinen Augen nicht trauen. Er fühlte sich vor den Kopf gestoßen, war auf diese Situation nicht vorbereitet. Dass seine Mutter scheinbar seinen Vater betrügt, war nicht das größte Problem. Dass sie es mit einer Frau tat, damit hatte er zu kämpfen. Er stellte seine Mutter zur Rede und die bestätigte seine schlimmsten Befürchtungen: sie war verliebt, in eine Frau. Auf der Autofahrt vom Feringasee nach Hause erklärte sie alles. So weit sie das konnte. Nach und nach kam raus, dass es in der Ehe schon länger nicht mehr glatt lief und seine Mutter vor der Wahl stand: glücklich sein oder glücklich sein heucheln. Sie entschied sich für ersteres und verließ ihren Mann.

In dieser Zeit hat Johannes viel mit seiner Mutter gesprochen. Sie musste mit sich selbst kämpfen, so eine Trennung funktioniert nicht mal gerade zwischen Tür und Angel. Johannes unterstützte sie, wo er nur konnte. Dass sein Vater das alles durchmachen musste, tat ihm zwar Leid, andererseits sah er, wie gut es seiner Mutter plötzlich ging: „Ich habe es ihr gegönnt, weil ich merkte, wie glücklich sie mit Sandra war“, erinnert er sich. Auch er verstand sich super mit Sandra. Ein paar kleine Zankereien, klar, die bleiben nicht aus. Das änderte sich auch nicht, als Johannes gemeinsam mit seiner Mutter, Sandra und deren zwei Katzen umzog. Ganz leicht fiel ihm dieser Umzug nicht. Vieles musste er in Ismaning zurück lassen. Freunde, die gewohnten Orte, aber vor allem seine Kindheit. Und obwohl er diese Opfer bringen musste, wagte er diesen Schritt. „Jetzt war meine Mutter dran, ihre Freiheiten zu bekommen, nachdem sie mir vorher so viele gegeben hatte“, sagt Johannes. Ein ständiges Geben und Nehmen, das sich zwischen den beiden etabliert hatte. Nicht selbstverständlich für Mutter und Sohn.

Johannes wird kurz nachdenklich und schaut abwesend auf den Tisch. „Ich habe vermutlich damals den Stein ins Rollen gebracht“, sagt er dann. Ohne ihn wäre seine Mutter nie beim CSD gewesen und hätte sich auch nie mit dem Thema Homosexualität auseinandergesetzt. Hätte dann vermutlich nie Sandra kennengelernt und würde heute noch gemeinsam mit ihrem Mann in dem gemütlichen Haus in Ismaning vor den Toren der Landeshauptstadt wohnen. Vorwürfe macht sich Johannes nicht. Ganz im Gegenteil: heute ist Johannes sehr glücklich, dass seine Mutter diesen Schritt gewagt hat. „Das war eine sehr chaotische Zeit“, erinnert sich Johannes. Chaos, das sich gelohnt hat. Denn: „Das Leben mit einer lesbischen Mutter ist viel aufregender“, sagt er. Viel bunter und interessanter. Aufgeschlossener und lockerer. Eine Mutter, die ihn in vielerlei Hinsicht besser versteht. Die auch mit Diskriminierung konfrontiert wird, hin und wieder. Und trotzdem zu dem steht, was sie ist. Darauf legt Johannes' Mutter viel Wert. Zu dem stehen, was man ist. Das hat sie ihm beigebracht. „Ich verstecke mich heute nicht mehr vor meiner Homosexualität.“ Als er diesen Satz sagt, scheint er dankbar zu sein. Dankbar dafür, dass seine Mutter ihm den Rücken stärkt. Johannes leert das Glas mit der Weinschorle und schaut nachdenklich an die Decke. „Sie hat mir beigebracht, meinen Weg zu gehen und mein Leben nicht zu planen. Denn es kommt immer anders, als man denkt.“ Nur die Kleinfamilie, die hätte er auch heute

noch gerne. Frau und Zwillinge hat er sich aber aus dem Kopf geschlagen. „Dann doch lieber einen Mann, ein Haustier und ein Patenkind – das reicht für's Erste", sagt er und lacht. Dann wird er wieder still. Schaut sich um im Cafè Kunsthalle. „Ganz schön voll geworden", merkt er an und schaut auf die Uhr seines Mobiltelefons. Rechts neben ihm steht eine dicke Sporttasche. Sein nächster Termin, im Fitnessstudio.

471 KM

Das Wetter kann sich nicht entscheiden. Mal scheint die Sonne, dann ist es plötzlich bewölkt und duster. Dementsprechend schizophren springen die Schatten hin und her. Mal hierhin, mal dahin. Das macht es für Patrick schwer, sich auf die Autobahn zu konzentrieren, während Matthias den Schatten fasziniert zusieht. Würden wir die nächste Ausfahrt nehmen, kämen wir ins Fränkische Wunderland, verrät uns ein Autobahnschild. Aber wer will schon ins Fränkische Wunderland, wenn ihn das nur Zeit kosten würde auf der Reise nach Bühlau, einem kleinen Örtchen irgendwo bei Dresden.

Im Auto ist es still, wir sprechen nicht. Nur das Nötigste. Mia singt im Hintergrund, dass ihr Herz tanzt und ihre Moleküle sich bewegen. Dass Moleküle sich bewegen ist normal, aber tanzende Herzen? Das ist sicherlich ungesund. Wir sorgen uns um Mias Gesundheit. Draußen werden romantische Landschaften vorbeigefahren. Barocke Zwiebeltürme und große Hopfenfelder. An einigen Stellen ist Deutschland wirklich schön.

MÜNCHEN - BÜHLAU

STEPHAN / 16 / BÜHLAU

»NATÜRLICH NEHMEN MICH SOLCHE KOMMENTARE MIT, KLAR. ABER ICH ZEIGE ES NICHT.«

Wer nach Bühlau kommt, fühlt sich, als hätte er eine kleine Zeitreise gemacht. In dem Ort ist die Zeit stehen geblieben. Auf der löchrigen Straße laufen Ziegen herum. Vor dem Hufschmied steht ein kleines Kind und beaufsichtigt ein Pferd, das mit einem Strick an das Gebäude festgebunden ist. Ansonsten ist Bühlau tot. Rechts neben uns zerfällt eine alte Lagerhalle. Vieles zerfällt, geht kaputt. Dabei ist der Ort gerade mal eine Viertelstunde Autofahrt von Dresden entfernt, der Prestigestadt des Ostens, in die man so viel Geld gesteckt hat, damit sie schön aussieht und Touristen lockt. In Bühlau hat man kein Geld gesteckt. Für wen auch? Touristen gibt es hier nicht. Und die rund 500 Einwohner haben alles, was sie brauchen: Eine Bäckerei, einen Geldautomaten. Der nächste Supermarkt ist auch nur fünf Kilometer entfernt.

Dreimal fährt derselbe Trabi an uns vorbei und jedes Mal verrenkt sich der Fahrer den Hals. Nur um zu sehen, wen es hierher verschlagen hat. Wir als Fremde fallen auf. Stephan auch. Er trägt komplett schwarz, nennt sich selbst „gothic“. Seine Haare hat er zu einem Irokesen hochgestylt. Mit Lidschatten und Eyelinern bringt er seine Augen zur Geltung. Seine schwarze Schlaghose ist übersät mit kleinen Metallösen.

Der Typ ist ein Gesamtkunstwerk. Sogar die Zigaretten, die er raucht, sind komplett schwarz. Sie schmecken nach Vanille, verrät er uns.

Stephan ist 16 Jahre alt und wohnt seit beinahe zehn Jahren hier. Eine spannende Jugend verbringt er hier nicht – eher eine beschauliche. Im Dorf passiert nichts. Nur ein kleines Dorffest, das einmal im Jahr stattfindet. Ansonsten findet nur Alltag statt, und der ist meist langweilig. Wenn Stephan etwas erleben möchte, muss er nach Dresden fahren. Das liegt zwar nur 36 Kilometer entfernt, ist aber schwer zu erreichen. Jede Stunde fährt ein Bus zum nächsten Bahnhof. Am Wochenende keiner. Dann ist Stephan gefangen, gefangen in Bühlau. Als er klein war, hat ihn das nicht gestört. „In meiner Kindheit habe ich mich hier sehr wohl gefühlt", sagt er. Er hatte viele Freunde aus der Klasse, mit denen er etwas unternehmen konnte, Schlitten fahren im Winter, im Wald spielen, mit dem Fahrrad durch den Ort fahren. Heute gehen ihm seine damaligen Freunde aus dem Weg. Wollen mit Stephan nichts mehr zu tun haben, so als wäre er aussätzig. Hätte man gute Freunde in so einem Kaff, wäre es wohl noch auszuhalten. Aber so? „Man gewöhnt sich an alles", sagt Stephan leise. Wenn er mit uns spricht, redet er immer leise. Leise und schüchtern. Fast so, als hätte er Angst, jemand anders könnte mithören. Nach außen hin hat sich Stephan eine stabile Fassade aufgebaut. Innerlich ist er zerbrechlich. Das hat sein Alltag aus ihm gemacht. Das ständige Mobbing in der Schule und das Mobbing der anderen Jugendlichen in Bühlau.

Alles fing an, als Stephan zwölf Jahre alt war. Da kamen die ersten Gedanken, dass er schwul sein könnte – zuerst waren es nur Gedanken. „Die Jungs in meiner Klasse fand ich immer schon viel interessanter als die Mädchen", erklärt er. „Ich habe schnell gemerkt, dass ich eher auf Jungs...", er bricht den Satz ab und lächelt beschämt. „Ihr wisst, was ich meine", schiebt er nach. Fast so, als hätte er Angst, uns zu sagen, dass er auf Jungs steht. Als hätte er Angst vor einer Reaktion, wie er sie gewohnt ist. Stephan redet weiter: „Für mich selber war es komisch zu merken, dass ich - schwul bin", sagt er. Er wusste schon damals, wie es ist, im Dorf. Wo jeder versucht, nicht zum Gesprächsthema zu werden. Wo die adrett ausgerichteten Jägerzäune peinlichst genau die Gartenzwerge bewachen und alles seinen vorgesehenen Platz hat. Wo die Leute übereinander herziehen, wenn jemand anders ist, weil sie sonst nichts haben, womit sie den Tag füllen können. Stephan hatte Angst vor den Reaktionen der anderen im Dorf. „Wenn mal etwas von der Norm abweicht, ist es gleich in aller Munde", weiß er. Er wollte nicht in aller Munde sein, nicht zerbissen werden von den Zähnen der Nachbarn. Er wollte aber auch er selbst sein, sich kleiden wie es ihm gefällt und ehrlich sein. Es blieb nur die Wahl: Sich verstecken und unglücklich werden oder die Reaktionen in Kauf nehmen und versuchen, stärker zu sein als sie. Stephan entschied sich für letzteres. Bei einer Autofahrt mit seiner Familie durch Dresden ließ er die Bombe platzen. Seine Mutter und seine Schwester saßen vorne im Auto und unterhielten sich angeregt über die hübschen Typen, an denen sie vorbeifuhren. Stephan saß auf der Rückbank, hörte sich die Diskussion an und stieg plötzlich einfach ein. Als wäre es das

normalste der Welt, sagte er, dass er den Typen dort drüben mit der Umhängetasche unglaublich gutaussehend findet. Im Auto wurde alles erst mal still. Bis seine Mutter ganz vorsichtig nachfragte. „Echt?“, sie schaute ihn durch den Rückspiegel an. „Die Verwunderung war groß“, erinnert sich Stephan. Der Rest der Autofahrt verlief relativ schweigsam. Über die Typen auf der Straße wurde auf der Fahrt nicht mehr gesprochen und Stephan befürchtete schon, einen Fehler gemacht zu haben. Vor allem, als seine Mutter mit ihm sprechen wollte, nachdem sie zu Hause angekommen waren. Sie setzten sich ins Wohnzimmer und fingen an zu reden. Über Stephans Gefühle, sein Schwulsein und darüber, dass sie eine Weile brauche, um ihre Gedanken ordnen zu können. Ein Problem mit seiner sexuellen Orientierung hatte sie genauso wenig wie seine Schwester, sie brauchte nur Zeit, sich daran zu gewöhnen. In dieser Zeit haben sie häufig miteinander gesprochen und heute ist Stephans Homosexualität etwas Selbstverständliches. Kein Tabu, ganz normal. Als wäre es inszeniert, kommt genau in diesem Moment seine Mutter in das Wohnzimmer, eine freundlich lächelnde Frau mit einer Kaffeekanne in der Hand. Den Kaffee hat sie für uns gekocht, und nachdem sie eingeschenkt hat, setzt sie sich zu uns in einen Sessel und hört so selbstverständlich zu, als ob wir gerade über das Shoppingprogramm von QVC reden würden. So normal es für sie ist, so unnormal ist es für den Rest von Bühlau. Und damit sind wir in Stephans Alltag angekommen.

Gerüchte, dass Stephan schwul sein könnte, gab es schon lange. Aber erst, als er mit etwa 15 Jahren seinen Gothic-Style fand, wurde es richtig schlimm. „Vorher", fängt Stephan an und sucht die passenden Worte, „vorher – sah ich normaler aus, eingefügter." Das war jetzt anders. Mit dem neuen Styling kamen die großen Probleme, das Mobbing in der Schule wurde massiv. Seitdem ist kaum ein Tag vergangen, an dem Stephan in Ruhe gelassen worden wäre. Der tägliche Kampf beginnt morgens im Schulbus. Sobald er den Bus betritt, schießen die blöden Kommentare wie Pfeile auf ihn ein. Von allen Seiten. Sogar von den Fünftklässlern. „Denen könnte man eigentlich auf den Kopf spucken", sagt Stephan. Trotzdem ist er in dieser Situation der Unterlegene, die anderen in der Überzahl. „Ich versuche, einfach in den Bus zu gehen und gar nicht auf die Kommentare zu achten", sagt er. Einfach rein und durch. Leute im Bus, die ihn verteidigen, gibt es nicht. Höchstens vielleicht mal jemand aus seiner Klasse, aber selbst das kommt selten vor. Stephan setzt sich also jeden Morgen auf den gleichen Platz und wartet darauf, dass der Bus an der Schule hält. Dann weiß er, dass er das erste Level überstanden hat. Das nächste wird aber nicht leichter. Wenn er über den Schulhof geht, kriegt er Beschimpfungen an den Kopf geworfen. Im Flur, im Klassenraum. Worte mit Spitzen und Widerhaken, die Stephan innerlich weh tun. Anmerken lässt er sich das nicht. Bloß nicht, das hieße Game Over. „Natürlich nehmen mich solche Kommentare mit", sagt er. „Keine Frage. Aber ich zeige das den Leuten nicht. Sonst hätten die noch viel mehr Spaß daran." Also stark bleiben, kämpfen, durchkommen bis zum letzten Level, nach Hause. Aber anders als in einem Kampfspiel ist der Punktestand am nächsten Morgen gelöscht und es geht von vorne los. Gewinnen ist schwer.

Sogar Stephans Lehrer kriegen mit, dass er unter seinen Mitschülern leidet. Einmal, erzählt er uns, habe ein Schüler auf dem Flur einen Lehrer angesprochen, als der aus Stephans Klassenzimmer kam. „Sie haben gerade eine Schwuchtel unterrichtet. Wissen Sie das?", hat er den Lehrer gefragt. Spätestens seit diesem Vorfall waren Stephans Probleme im Lehrerkollegium bekannt. Bei einer Lehrerkonferenz wurde beschlossen, dass man versuchen müsse, ihn zu unterstützen. Passiert ist trotzdem nichts. Es fehlt an guten Lösungsansätzen. Stephan würde sich zwar wünschen, dass sich die Lehrer besser für ihn einsetzten. Andererseits glaubt er auch, dass ihm das nicht helfen würde. „Das bringt doch nichts", sagt er. „Und selbst wenn man versuchen würde, mir zu helfen, reitet man mich nur noch mehr rein."

Ein Jahr in der Schule hat Stephan noch vor sich. Ein hartes Jahr. In wenigen Tagen wird das neue Schuljahr anbrechen und er kommt in eine neue Klasse. Davor hat Stephan momentan die meiste Angst. „Die Leute sollen nicht so toll sein, habe ich gehört." Viele von den Leuten, die ihn tagtäglich mobben, von den Kriegern mit den spitzen Pfeilen, werden bald mit ihm zusammen in einer Klasse sitzen. Dann wird alles noch ein bisschen schlimmer werden. Stephan versucht, das mit Fassung zu tragen. „Es ist nur noch ein Jahr. Das will ich so gut wie möglich und so schnell wie möglich rumkriegen." Er atmet tief

aus. „Gehen wir raus, eine rauchen?“

Zur Entspannung gehen wir vor die Tür, er holt eine seiner schwarzen Zigaretten aus der Tasche und zündet sie an. In diesem Moment läuft ein älterer Herr an uns vorbei. Stephan grüßt, bekommt aber keine Antwort. Im Gegenteil: der alte Mann schaut demonstrativ weg, als wäre ihm die Situation unangenehm. Willkommen in Bühlau. So ist das hier, jetzt sehen wir es mit eigenen Augen.

Zurück im Wohnzimmer erklärt uns Stephan die Situation. Weil Bühlau klein ist und man sich das Maul gerne über die Nachbarn zerreißt, ist Stephan genau wie in der Schule auch im Dorf Gesprächsthema. „Die Leute haben ein großes Problem mit meinem Auftreten und meiner Erscheinung“, sagt er. Ein Gothic in Bühlau, damit kommen sie nicht klar. Stephan sagt, ihn störe das nicht. „Mir gefällt mein Aussehen, das ist das Wichtigste“, erklärt er. Seine Mutter schmunzelt und klinkt sich plötzlich in das Gespräch ein: „Ich bekomme das auch mit“, sagt sie und erzählt uns eine kleine Geschichte. „Es gibt da einen ganz Schlauen im Ort, der einmal zu mir meinte, wie der Stephan denn so rumläuft, so tuntig, da könne man ja meinen, der sei schwul! Ich habe meinen Sohn natürlich verteidigt und

meinte, dass er wenigstens etwas auf sein Äußeres hält. Und selbst wenn er schwul ist oder so aussieht – was geht Sie das an?“ Der Vorfall ist schon einige Monate her. Trotzdem klingt Stephans Mutter noch ganz entrüstet, als sie uns davon erzählt. Ihr Sohn hingegen lächelt. Er freut sich, eine so tolle Mutter zu haben.

Die Erwachsenen im Dorf lästern hintenrum, die Jugendlichen, seine ehemaligen Freunde, sind direkter. „Schaut mal, wie der rumläuft“, rufen sie ihm auf der Straße nach. Oder ein einfaches „Scheiß Schwuchtel!“ Wie auch in der Schule versucht Stephan im Dorf, diese Kommentare einfach zu überhören. Er frisst sie in sich rein und versucht zu vermeiden, durch das Dorf zu gehen. Wenn er von der Schule nach Hause kommt, macht er seine Hausaufgaben und verbringt den Rest des Tages in der Wohnung. „Ich bin nur noch selten im Dorf unterwegs“, erklärt er. „Meistens findet man mich sowieso in Dresden.“

Dresden. Das ist Stephans Zufluchtsinsel. „Dresden ist Mittel gegen die Langeweile“, sagt er. „Dort kann man etwas erleben. Ohne Dresden wäre mein Leben relativ öde.“ Dresden ist aber noch mehr: Dresden ist Großstadt. Wo Bühlau klein und spießig ist, ist Dresden großzügig und weitläufig. In Dresden riecht die Luft nicht nach Kuhdung, sondern nach Leben. Stadtluft macht frei. Hier ist Stephan einer von vielen. Hier fällt er nicht auf. Die Leute in der Großstadt interessiert es nicht, ob Stephan gothic ist, schwul, oder ob er schwarze Zigaretten raucht. Stephan hat sich mit dieser Anonymität angefreundet. Für ihn steht fest: „Wenn ich die Schule fertig habe, möchte ich nach Dresden ziehen." Weg von Bühlau. Einfach nur weg und die Schlachtfelder hinter sich lassen. Das ständige Mobbing im Dorf und in der Schule. Ein neues Leben beginnen. Denn das Leben in Bühlau hat Stephan nichts zu bieten. „Was soll ich hier, so ganz ohne Freunde", fragt er. „Ich könnte mit den anderen Jungs Fußball spielen oder an der Bushaltestelle

sitzen und Bier trinken. Aber das möchte ich nicht.“ Stephan will endlich sein Leben leben können, so wie er möchte. Ohne ständig Angst haben zu müssen vor verbalen Attacken. Deshalb genießt er jede Sekunde, die er in der Großstadt verbringen kann und packt sich seine Zeit voll mit tollen Dingen, die er in Bühlau nicht machen kann. Beispielsweise andere schwule Jugendliche kennenlernen. Seitdem er im Internet von der schwulen Jugendgruppe l.u.s.T. gelesen hat, geht er zu den Treffen. „Ich weiß noch, dass ich die ersten Male furchtbar nervös war“, erzählt er. Auch wenn sich diese Nervosität bald legte, blieb er erstmal schüchtern. Er brauchte eine Weile, um seinen Kampfpanzer ablegen zu können, der ihm schon so fest um den Körper saß. Mittlerweile kann er offen über alles reden, hat dort keine Angst mehr vor einer negativen Reaktion. Bei l.u.s.T. hat er die Freunde gefunden, nach denen er lange Zeit gesucht hat: Freunde, die ihn so akzeptieren, wie er ist. „Ich fühle mich wohl in der Gruppe“, sagt Stephan.

Vorerst muss er aber immer wieder zurück nach Bühlau. In den Ort, mit dem er nur Negatives verbindet. Wir fragen ihn, ob er mit seinem Leben glücklich ist. Er zögert mit der Antwort. Fast so, als gäbe es zu viele Aspekte, die er bedenken muss. „Jein“, antwortet er schließlich. „Diese Gegend macht mich depressiv. Ich habe hier so viele schlechte Erfahrungen gemacht, die ich wohl mein Leben lang nicht vergessen werde. Andererseits habe ich mein Parallelleben in Dresden. Wo ich ich selbst sein kann, ohne dass sich jemand daran stört. Das ist ein Lichtblick.“ Ein Jahr muss Stephan noch aushalten, einstecken. Wenn er Glück hat, geht dieses Jahr schnell vorüber.

30 KM

Die Stimmung klemmt ein wenig. Dieser Ort ist unheimlich, wir sind froh, wenn wir hier weg kommen. Wie gerne hätten wir Stephan mitgenommen, ihm ein neues Leben geschenkt. Im Radio wummern die Bässe. Faithless erzählt uns etwas von Gott. Wir hören nicht hin. Sind immer noch berührt von Stephan und seiner Geschichte. Haben ihm noch hinterher geschaut und ihm gewunken. Wir können einfach hier abhauen, aber er muss noch mindestens ein Jahr in diesem Ort bleiben. Die Schule zu Ende bringen, noch ein Jahr lang jeden Tag die gleichen blöden Kommentare hören - immer und immer wieder. Wir wünschen ihm viel Kraft. Und den Mut, so schnell wie möglich wegzuziehen.

Faithless' Lied ist zu Ende, wir starten es von vorne. Hauptsache Musik, irgendeine Form der Ablenkung. Bloß nicht miteinander reden müssen. Zu überwältigend sind die Eindrücke, die wir gesammelt haben. Die Zeit will nicht vergehen. Wir schlängeln uns auf langen Straßen durch Wälder hindurch, eine gefühlte halbe Ewigkeit. Dann endlich: Dresden. Zivilisation.

BÜHLAU - DRESDEN / 30 KM

L.U.S.T. /
8 JAHRE / DRESDEN

»OHNE DIESE JUGENDGRUPPE WÄRE DAS LEBEN SEHR VIEL LANGWEILIGER.«

Wenn Musik plötzlich zur Atmosphäre passt, hinterlässt das einen bleibenden Eindruck. Wie in der Prießnitzstraße in der Äußeren Neustadt in Dresden. Irgendwer spielt Geige und taucht die schönen Fassaden der Altbauten in Idylle. Versetzt die ganze Straße in Unwirklichkeit, so, als wäre man plötzlich im Barock. Nur hin und wieder stört ein vorbeifahrendes Auto die unwirkliche Atmosphäre. Stört kurz, ist dann wieder weg und lässt der Idylle Platz um zu wirken. Gerade ist Fabian mit seinem Fahrrad gekommen. Er lehnt es an die Fassade des Stadtteilhauses und lädt die beiden schweren Fahrradkoffer ab. Stellt sie auf den Boden und schaut in den Himmel. „Das Wetter ist schön. Wir gehen in den Garten", sagt er und holt einen Zettel und einen Stift aus einem der beiden Fahrradkoffer. Schreibt auf den Zettel, dass das Wetter schön ist und man sich im Garten hinter dem Haus trifft, klebt ihn mit einem Streifen Tesafilm an die große Tür und verschwindet durch ein Gartentor. Geht eine kleine Treppe hinab in den Garten. Der liegt schön ruhig, obwohl wir mitten in Dresden sind. Hinter einer kleinen Mauer plätschert ein Bach ganz gemütlich vor sich hin, im Hintergrund spielt immer noch jemand Geige. Ein Mädchen sitzt mit dem Rücken zu Fabian auf einer Bank. Raucht, hört Musik, trinkt Kaffee und schaut nachdenklich in den Bach.

Fabian kennt diesen Ort ziemlich gut. Einige Jahre lang war er der Leiter dieser Jugendgruppe, die sich gleich im Garten hinter dem Haus treffen wird. Hat er schwulen und lesbischen

Jugendlichen eine Plattform geboten, sich kennen zu lernen und Erfahrungen auszutauschen. Bis irgendwann das Studium zu aufwendig wurde und Fabian keine Zeit mehr hatte, die Jugendgruppe zu leiten. Dass er sich nie ganz von der Gruppe trennen kann, war aber klar gewesen. Und so kam es dann auch: ganz ohne geht es nicht. Deshalb nimmt Fabian heute noch regelmäßig an den Treffen teil, besucht seine Schützlinge, wenn er die Zeit findet und verbringt mit ihnen ein paar schöne Stunden. So wie heute. Fabian hat Kekse und Kuchen mitgebracht, packt ein großes Messer aus und schneidet den Kuchen in Stücke. Möglichst viele, er weiß nicht genau wie viele Jugendliche heute zum Treffen kommen werden und es soll für alle etwas da sein. Normalerweise sind es so zwischen zehn bis fünfzehn Leute, wenn das Wetter schön ist auch schon mal ein paar weniger. Die Jugendgruppe l.u.s.T. hat ein sehr großes Einzugsgebiet. So viele große Städte gibt es nicht im Osten der Republik und weiß Gott nicht jede Stadt hat eine schwule Jugendgruppe. Dresden ist da so etwas wie eine Insel im Nichts, auf die man sich retten kann, wenn man möchte. „Die meisten Leute kommen aus dem Dresdener Umland", sagt Fabian. Nicht, weil es in Dresden keine Schwulen gäbe. Fabian glaubt, dass die Städter sich ganz einfach besser selbst organisieren können. Für sie ist es kein Problem, andere schwule Jugendliche kennen zu lernen. Sie sind aufgewachsen in einer großen Stadt, da ist es immer etwas toleranter als auf dem Land. Da kann man mal einfach am Wochenende auf eine schwule Party gehen, ohne vorher eine Stunde mit der Bahn gefahren zu sein und wenn man möchte, kann man da auch jemanden kennenlernen. Ganz egal, ob für eine Nacht oder für länger. Auf dem Dorf geht das nicht. Da gibt es kein schwules Leben, keine schwulen Partys und kaum jemanden, den man kennenlernen kann für eine Nacht oder für länger. Überhaupt gibt es so wenige Dinge, die man erleben kann. Deshalb, glaubt Fabian, lohnt es sich für die Dorfjugend in die Stadt zu kommen und die Jugendgruppe zu besuchen. Schließlich kann man das mit vielen anderen Dingen kombinieren. „Man geht einkaufen, kann sich in ein gemütliches Cafè setzen und kommt dann zum Treffen der Jugendgruppe. Danach kann man noch gemeinsam auf eine Party gehen, oder ins Kino oder man fährt einfach nach Hause und hatte einen tollen Tag," erklärt Fabian. Diese Vielfalt und die gute Stimmung innerhalb der Gruppe lockt die Jungs und Mädchen aus Meißen, Pirna oder Weinböhla in die Stadt. Und das seit bereits sieben Jahren. Schade findet Fabian nur, dass viel weniger Mädchen als Jungs die Jugendgruppe besuchen. „Lesbische Mädels sind viel schwieriger zu organisieren", sagt er. Woran das liegt, kann er nicht so genau benennen. Obwohl l.u.s.T. sich bemüht, ist die Jugendgruppe sehr wenig in der lesbischen Szene vertreten. Trotzdem finden hin und wieder auch Mädchen ihren Weg zu den Treffen der Jugendgruppe.

Laura zum Beispiel. Sie ist die erste an diesem Tag, die den Zettel an der großen Tür gelesen hat und in den Garten gekommen ist. Ziemlich schwarz gekleidet, mit langen blonden Haaren. Auf dem Rücken ein Rucksack. Sie setzt sich neben Fabian auf die Bank, begrüßt ihn. Häufig sehen sich die beiden nicht, mal ist Fabian zu beschäftigt, mal Laura nicht bei den Treffen, zu denen Fabian kommt. Die zwei verfangen sich in ein Gespräch. Über die letzte Party, auf der sie sich getroffen haben und über alles, was das Leben so mit sich bringt. Dann kommt Maximilian in den Garten. Auch er in schwarz, die Haare noch ein bisschen länger als Laura. Er begrüßt die beiden, zieht seinen Mantel aus und setzt sich auf die Bank. Nimmt einen Regenbogenanstecker von seinem Mantel ab und steckt ihn an sein Hemd. „Man muss Flagge zeigen", sagt er und begrüßt dann Alex, der gerade gekommen ist. Nach und nach trudeln die Jugendlichen im Garten ein. Ganz unterschiedliche Menschen, aber alle mögen den Kuchen, den Fabian mitgebracht hat. Nach einer Viertelstunde sind sieben

Jugendliche eingetroffen, mehr kommen an diesem sonnigen Tag nicht. Sie sitzen zusammen am Tisch, essen Kuchen und reden über ganz Alltägliches. Schule, Universität, Beruf. Partys, Kinofilme und Reisen. Maximilian erzählt, dass er vor kurzem in Köln gewesen ist. Eine tolle Stadt, findet er. Nur der Aufstieg auf den Dom, der ist anstrengend. Die Gruppe redet ein bisschen über Köln, den Karneval und die schwule Szene in der Domstadt. Dass es unglaublich viele Angebote gibt für Schwule und Lesben und dass fast überall eine Regenbogenfahne hängt. „Dass man in schwulen und lesbischen Jugendgruppen nur über Homosexualität spricht, ist Blödsinn," erklärt Fabian. Trotzdem kommt man in einer Jugendgruppe nicht an diesem Thema vorbei. Vor allem über das Coming-out wird viel

gesprochen. Die älteren geben den jüngeren Tipps, erklären, wie es bei ihnen war. Helfen so, etwas Mut zu fassen und sollte es an irgendeiner Stelle schief gehen, wird getröstet, ermutigt und weitergeholfen. Genau das mögen die Jugendlichen an der Gruppe. „Man kann wirklich über alles mögliche sprechen", erklärt Maximilian. „Und man lernt nette Leute kennen, mit denen man sich gemeinsam in die Gruppe einbringt. Häufig gehen wir nach dem Treffen noch gemeinsam auf ein Konzert oder eine Party." Nur homopolitische Themen werden selten angesprochen, sagt Fabian. „Wichtiger ist den Jugendlichen, dass sie lernen, sich selbst und ihre Sexualität in Einklang zu bringen. Da wird Politik erst mal zur Nebensache."

Vor allem für die Dorfjugend ist es wichtig, einen Anlaufpunkt zu haben. Denn das schwule Leben im Dresdener Umland macht weniger Spaß als in der Stadt selbst. „Man kann sich nicht austauschen", sagt Felix. Er kommt vom Dorf und weiß, wovon er spricht. Teilweise fahren nur drei Busse pro Tag raus in die Stadt. „Da fühlt man sich ein bisschen wie in einem Gefängnis." Trotzdem hat Felix auch Freunde in seinem Dorf. Freunde, die von seiner Sexualität wissen und damit kein Problem haben. Aber wenn er etwas erleben möchte, wenn er mal ungestört schwul sein möchte, dann muss er in die Stadt kommen. „Auf dem Land ist es auf jeden Fall krasser als in der Stadt", verrät er. „Allein schon der Buschfunk. Jeder will alles über jeden wissen. Das ist ziemlich anstrengend. Ich ziehe auf jeden Fall früher oder später in die Stadt."

Die Gruppe verliert sich in einer Diskussion über DSL-Verbindungen und beschließt, ins Kontaktcafé zu gehen. Einem kleinen, gemütlichen Café im Gebäude, wo sich die Gruppe für gewöhnlich trifft, wenn das Wetter nicht gerade so schön ist wie heute. Das Café erklärt sich von selbst. Hier haben die Jugendlichen die Möglichkeit, mit anderen in Kontakt zu treten. Die Atmosphäre ist chillig. Sofort hauen sich einige der Jugendlichen auf die großen Liegewiesen und verlieren sich in Einzelgesprächen. Andere setzen sich an die Computer und surfen kostenlos im Internet. An der Wand hängen viele Autogrammkarten von Prominenten, die der Jugendgruppe viel Erfolg bei der Arbeit wünschen. Lilo Wanders, Alfred Biolek, Klaus Wowereit, Volker Beck und Guido Westerwelle, Bully, Claudia Roth, Brigitte Zypries, Hella von Sinnen und Jürgen Domian. Cordula Stratmann hat auf ihre Karte geschrieben: „Wer heute noch ernsthaft Homosexualität ablehnt, hat sicherlich auch ein Problem damit, flüssig bis 100 zu zählen.“ Dass so viele Prominente sich auf ihre Seite schlagen, macht den Jugendlichen Hoffnung. Und in gewisser Hinsicht schweißt das auch zusammen und macht stolz. Nicht nur deshalb kommen die Jugendlichen gerne zu den Treffen der Jugendgruppe. „Unter Gleichgesinnten fühlt man sich wohler“, erklärt Laura. „Und natürlich kann man hier Themen ansprechen, die man sonst untcr scinen heterosexuellen Freunden oder gar bei den Eltern nie ansprechen würde.“ Laura ist sich bewusst, dass l.u.s.T. ihr Leben bereichert. „Ohne diese Jugendgruppe hätte ich sicherlich ein paar gute Freunde weniger und das Leben wäre sehr viel langweiliger.“ Sicherlich würde sie auch ohne die Jugendgruppe spannende Menschen kennenlernen, aber die Jugendgruppenatmosphäre gefällt ihr. „Ich werde bestimmt noch ein paar Jahre hier bleiben“, sagt sie und unterhält sich dann mit Felix über das Konzert, auf das sie am Abend noch gehen werden. Auf den Elbwiesen, bei dem schönen Wetter das Beste, was man machen kann.

548 KM

Kurz, nachdem wir Dresden verlassen haben, wird es dunkel in Deutschland. Wenn es dunkel ist, sieht alles gleich aus. Die Autobahn bei Stuttgart genau so wie die Autobahn bei Dresden. Eine breite Straße mit zwei Spuren, am Rand Nichts. Zumindest bei Dunkelheit. Tagsüber wäre da Landschaft, und die ist bei Stuttgart eben anders als bei Dresden. Irgendwann, unbestimmte Zeit später, leuchtet es am Himmel. Windräder, die sich drehen und rot blinken. Riesige Lichterketten im Himmel, synchron wie abstraktes Ballett. Dann: Berlin. Berlin! Matthias fühlt sich ein bisschen zu Hause („Wenn man hier abfährt, kommt man zu mir"), Patrick ist total aus dem Häuschen („Vor nicht mal zwei Stunden noch in Dresden, jetzt mitten in Berlin." Und: „Hast du das notiert?").

Die Nacht verbringen wir auf der Autobahnraststätte „Stolpe" zwischen Berlin und Hamburg. Die Raststätte hat regionale Sanddorn-Produkte im Verkauf und Rentner auf dem Parkplatz. Ein Rentner kauft sich ein Mett-Brötchen, greift es nach dem Bezahlen vom Teller und stellt den Teller wieder zurück auf den Unbenutzt-Stapel. Gute Nacht, Deutschland.

DRESDEN - KIEL

BJÖRN / 16 / KIEL

»JEDER TAG HAT MIR GEZEIGT, DASS MEHR TOLERANZ NÖTIG IST.«

Verträumt liegen die Boote am Steg, schaukeln ganz gemütlich hin und her. So leicht, dass man es kaum sieht. Ihre Masten recken sie gen Himmel. Fast so, als würde man dort etwas geschenkt bekommen. Wellen gibt es nicht – nicht in der Kieler Förde. Dafür viele Quallen, die zwischen den Booten Verstecken spielen. Dass es schüttet wie aus Kübeln, merken sie nicht. Dicke Regentropfen klatschen auf die Erde. Zeichnen schon seit Stunden groteske Bilder in das Wasser, das sich nicht wehren kann. Björn kennt dieses Schauspiel. Der lebt schon länger in dieser Stadt am Meer und hat sich an das norddeutsche Wetter gewöhnt. Regen gehört hier zum Leben dazu und glaubt man der landläufigen Meinung, regnet es in Kiel viel öfter als anderswo in der Republik. Björn stört das nicht. Er fühlt sich wohl am Wasser und irgendwie ist Regen schließlich auch Wasser. Björn sitzt geschützt unter einer Laube und schaut sich das Schauspiel im Wasser an. Seine Haare hat er zu einem Pferdeschwanz zusammengebunden, unter seiner Jacke trägt er einen schwarzen Pullover mit einem großen roten Stern. „Dort drüben habe ich den ersten Spaziergang mit meinem Freund gemacht“, sagt er und zeigt mit dem Finger runter auf die Promenade, wo viele Menschen gerade ihre Regenschirme

spazieren tragen. Es ist Sonntag Nachmittag – eine schöne Zeit, um Spazieren zu gehen.

Björn ist zufrieden mit Kiel, auch, wenn die Stadt etwas zu klein und anonym ist und das Leben als Schwuler nicht sehr aufregend. Es gibt die schwule Jugendgruppe „u18“, die hilft beim Coming-out. Dann hört es für schwule Jugendliche aber auch schon auf. „Es gibt einen Verein, zwei Partys, eine Bar. Alles wird von älteren Schwulen genutzt – für die jungen sieht es sehr mau aus“, erklärt er. Irgendwie gehört es nicht zum Stadtbild und deshalb hatte sich Björn auch nie Gedanken darüber gemacht, dass er selbst schwul sein könnte. Schwamm einfach mit im Mainstream-Fluss, das ist gemütlich. Ließ sich gedankenlos mitreißen von der breiten Masse, hielt sich selbst für heterosexuell und das ganze für ein Patentrezept. Bis er irgendwann aus diesem Fluss herausgefischt wurde. Eher unfreiwillig, zufällig. Denn als Björn den Chatroom betrat, war alles noch wie immer. So, wie es in den 13 Jahren davor auch gewesen war.

Dass Björn chattete, war nichts besonderes. Er verbrachte schon damals viel Zeit im Internet und auf dieser Chatseite, auf die er sich auch an diesem Tag wieder einloggte. Ob es regnete an diesem Tag, weiß Björn nicht mehr. Das ist auch nicht wichtig. Er unterhielt sich mit Freunden, blödelte etwas herum, da öffnete sich plötzlich ein Chatfenster. Am anderen Ende: ein Fremder, auch aus Kiel. Es folgte unbedeutender Smalltalk. Über das Wetter, die Stadt, Gott, wenn's denn sein muss. Ganz unwichtige Gespräche, bis der Fremde irgendwann fragte: „Kann es sein, dass du schwul bist?" Ziemlich direkt ins Gesicht. Björn war ein bisschen verwirrt, dachte darüber nach, den Chat zu beenden. Aber das wäre langweilig gewesen. Also ließ er sich auf das Spiel des Fremden ein. Antwortete ganz forsch mit einem kurzen „Ja". Sie unterhielten sich nett über dies und das, Björn schmunzelte hier und da, spielte aber tapfer mit. Dass da ein Stein ins Rollen gekommen war, wusste er zu diesem Zeitpunkt noch nicht. Er ging davon aus, irgendwann an diesem Abend den Computer wieder auszuschalten und den Chat am nächsten Tag vergessen zu haben. So war es auch, bis der Fremde ihn am nächsten Tag wieder anschrieb. Und am Tag darauf und am Tag auf den Tag darauf. Nach einer Woche gehörte das Treffen im Chat irgendwie zur festen Abendplanung. Björn trieb das Spiel auf die Spitze und als der Fremde ihn eines Abends fragte, ob die beiden sich nicht mal treffen wollten, ließ er sich auch darauf ein. Ohne jegliche Erwartungen kam er zum vereinbarten Treffpunkt, wusste nur, dass er dem Spiel an diesem Abend ein Ende setzen wollte. Dem Fremden gestehen, dass er ihn ein bisschen verschaukelt hatte und sich dann trotzdem nett mit ihm unterhalten.

Björn wartete ein paar Minuten und als er den Jungen auf sich zukommen sah, wurde aus dem Spiel plötzlich bitterer Ernst. „Er stand vor mir und ich war nicht in der Lage, irgendetwas zu sagen oder zu denken. Ich glaube, ich habe angefangen zu sabbern, so gut sah der aus", erinnert sich Björn und lacht. Vorbei war die heile Welt, abrupt unterbrochen von einem feisten Angler, der ihn aus dem Mainstream-Fluss fischte und irgendwo fernab des Stroms wieder frei ließ. Das Treffen der beiden ging furchtbar schnell vorbei und Björn stand irgendwo in Kiel, nachdem er den Fremden verabschiedet hatte und war verwirrt. War er vielleicht doch schwul? Was war da gerade passiert? Björn entschied sich die Eindrücke erst mal wieder zu vergessen und zwei, drei Nächte darüber zu schlafen. Schlief aber ziemlich unruhig und sah irgendwann die Wahrheit ganz klar vor sich: „Verdammt, du bist ja wirklich schwul." Björn ist nicht jemand, der auf so eine Erkenntnis hin in Panik ausbricht. Er setzte sich auf einen Stuhl und fing an, darüber nachzudenken. Über sich selbst, über Sexualität und den Mainstream-Fluss, in dem er sich eigentlich wohl gefühlt hatte. Aber dahin würde er nicht mehr einfach so zurückkommen. Was einmal gedacht wurde, kann nicht mehr rückgängig gemacht werden. Björn formulierte in diesen Tagen sein Leitmotto: „Wenn ich mich so fühle, dann fühle ich mich so. Ich nehme das Leben, wie es kommt." Während sich andere Jugendliche Ewigkeiten mit dem Gedanken herumschlagen, schwul zu sein, dauerte das bei Björn nur wenige Tage. Er hatte sich selbst geordnet und sah keine Notwendigkeit, sich zu verstecken. „Hätte ich mir ein schwarzes Tuch über den Kopf werfen und mich dann nicht mehr auf die Straße trauen sollen?", scherzt Björn. Er zog es vor, einfach zu sich zu stehen. Er selbst zu sein und nicht irgendein gesellschaftlicher Max Mustermann. Ohne großen Zensiert-Balken vor seiner Persönlichkeit. „Ich wollte mich einfach nicht verstecken."

Auch nicht vor seiner Mutter. Denn vor Müttern kann man nichts verheimlichen und sollte man auch nicht, dessen war sich Björn bewusst. Er suchte erst gar nicht nach einer passenden Gelegenheit oder wochenlang nach den passenden Worten. „Ich setzte mich einfach an den Mittagstisch, aß ein paar Löffel Suppe und sagte ihr dann, dass ich schwul bin", erinnert er sich. Ziemlich unspektakulär, zwischen Tür und Angel und als seine Mutter anfing zu lachen, fand Björn das in Ordnung. Er hatte seinen Pflichtteil erledigt, jetzt war seine Mutter am Zug.

Und wenn sie sich dafür entschied, zu lachen, war das schon in Ordnung. Spätestens, wenn Björn den ersten Freund mit nach Hause nehmen würde, würde sie schon merken, dass er es ernst meinte. Und dass er es tatsächlich ernst meinte, dessen war er sich sicher. Er selbst wusste, was Sache war. Das war ihm das Wichtigste. Ein paar Tage später sagte er seinen besten Freunden, dass er auf Männer steht. Die hatten damit kein Problem. Wenn er sich selbst sofort akzeptieren konnte, seine Mutter ihn nicht ganz ernst nahm und seine Freunde auch keine Probleme mit ihm hatten, würde das bei anderen wohl auch so einfach sein. Trugschluss! Björn wurde übermütig und setzte alles auf eine Karte, machte einen großen Fehler. Er outete

sich mit einem Schlag in seiner ganzen Schule. „Ich suchte mir ganz bewusst die Tratschtanten der Schule aus und sagte ihnen, dass ich schwul bin", sagt er. Dann nahmen die Dinge ihren natürlichen Lauf. Innerhalb eines Tages wusste seine ganze Stufe Bescheid. Am Tag darauf die halbe Schule und am nächsten Tag wussten es dann alle. „Ganze 600 Schülerinnen und Schüler waren plötzlich über meine sexuelle Orientierung informiert. Die Idee war eigentlich nicht schlecht. Dass die Reaktionen so unterschiedlich waren, hätte ich allerdings nicht gedacht", erinnert sich Björn. Von diesem Tag an war Schule nicht mehr so wie vorher und der sonst so selbstsichere Björn musste lernen, wie es ist, gemobbt zu werden.

Jeder Tag war gleich beschissen: raus aus dem Bett und in die Schule, ständig mit dem Gedanken im Hinterkopf, dass es gleich wieder losgehen würde. Die Unterrichtsstunden in seinem Klassenraum waren nicht so tragisch. Hier und da tuschelte jemand, dann wurde gekichert. Mit diesem Hinter-dem-Rücken konnte Björn gut leben, das störte ihn nicht. Schlimm wurde es, wenn er den Klassenraum verlassen musste. Raumwechsel. Ab durch den Flur und durch das Gespött. „Schwuchtel!", fing der Erste an und sofort wusste jeder, dass irgendwo Björn in der Nähe war. Die erste Beleidigung löste eine Kettenreaktion aus und plötzlich schallten die Beschimpfungen aus allen Himmelsrichtungen. „Hinterlader!", „Schwanzpolierer!", „Dir klebt Kacke am Pimmel!" Und so weiter und so fort. „In dieser Hinsicht sind Jugendliche sehr kreativ", sagt Björn und lächelt ein bisschen. Ein sehr zynisches Lächeln. Es blieb nicht bei Beleidigungen. Manchmal folgten körperliche Angriffe. Jemand zog ihn zur Seite, nahm ihm die Brille von der Nase. Ein anderer schlug ihm dann ins Gesicht. Damals war Björn in der sechsten Klasse, der Schläger in der Achten. Es gab nichts, was er hätte tun können. „Den Leuten aus meiner Stufe ging das am Arsch vorbei", erinnert sich Björn. „Und meine Freunde konnten auch nicht direkt eingreifen, sie hatten Angst, selbst

eine gescheuert zu kriegen, wenn sie mich verteidigten." Björn musste also immer wieder seinen ganzen Mut zusammenraufen und allein durch die schimpfende Meute gehen. „Ich habe einfach so getan, als würde ich es nicht hören", sagt er. Wäre er auf die Beschimpfungen eingegangen, hätte es ihnen noch mehr Spaß gemacht. Andererseits wurden sie penetrant, wenn man sie ignorierte. „Dann laufen sie einem hinterher, manchmal die ganze Pause lang." Manchmal, wenn Lehrer gesehen haben, was die anderen mit Björn machten, hatte er einen Tag oder zwei Ruhe. Aber dann fing das Spiel wieder von vorne an. Immer wieder. Jeden Tag.

Das nahm ihn so sehr mit, dass Björn sogar zu Hause keine Ruhe mehr hatte. Kaum hatte er die Wohnung betreten, die augenscheinliche Sicherheit, fiel seine Maske. „Der Tag war dann total im Arsch", sagt Björn. Er setzte sich auf sein Bett und manchmal fing er an zu heulen. Versuchte, die Sorgen in Tränen zu ertränken und wieder einen klaren Kopf zu kriegen. Die Angst vor dem nächsten Tag blieb. Manchmal schwänzte er – einfach nur, um einen Tag lang seine Ruhe zu haben. Einen Tag lang nicht beschimpft zu werden oder angegriffen zu werden. Fast wie Urlaub.

Trotzdem wusste Björn, dass das nicht geht. Einfach wegbleiben und so die Probleme ignorieren. „Jeder Tag hat mich ein bisschen härter gemacht und mir gezeigt, dass mehr Toleranz nötig ist“, sagt er. Dass das nicht von alleine passiert, war ihm klar. Er war derjenige, der nun etwas tun musste. Rückzug war da komplett falsch, das wurde ihm allmählich klar, also ging Björn auf Konfrontationskurs. Er riss das Ruder rum und wie in einer Seeschlacht stellte er sich seinen Gegnern und seinen Ängsten und fing an zu kämpfen. Er ging in die Schule und alles war wie immer. Die Beschimpfungen. Die Leute, die einfach wegsahen. Der Tag fing an wie jeder andere, aber als Björn die erste Beleidigung an den Kopf geschmissen bekam, war plötzlich etwas anderes. Er wehrte sich, verbal. „Wenn du ein Problem damit hast, verpiss dich“, sagte er. Ganz selbstsicher, obwohl er innerlich zitterte vor Angst. Der Angreifer war verunsichert. Wochenlang hatte er auf Björn herumhacken können. Sich toll dabei fühlen können, aber auf Widerworte war er nie gestoßen. Plötzlich fing Björn an, sich zu wehren. Darauf war der Angreifer nicht vorbereitet, er wusste nicht, was er sagen sollte, drehte sich verunsichert um und ging. Björn hatte seine Ruhe, zum ersten Mal seit seinem Coming-out an der Schule. Ein erstes Erfolgserlebnis auf seinem langen Kampf für ein toleranteres Umfeld. Von diesem Tag an kämpfte Björn. Hat versucht, sich selbst zu erklären und signalisierte, dass er zu sich steht. Ganz egal, was die anderen über ihn dachten. Hat Sachen erklärt und Fragen beantwortet, zum Beispiel im Sexualkundeunterricht und dafür Anerkennung geerntet. Es zeigte sich, dass viele schlichtweg nicht wussten, was Schwulsein eigentlich bedeutete - dass es kaum einen Unterschied macht, ob man einen Mann liebt oder eine Frau.

Der Konfrontationskurs machte sich bezahlt: „Ich war plötzlich wieder total selbstbewusst und habe mir dadurch sehr viel Toleranz verschafft“, sagt er. Stolz schwingt mit in seinen Worten – zu Recht. Seine Peiniger haben es zwar noch eine Weile lang versucht, waren aber nicht erfolgreich. Nicht nur, weil es Björn nichts mehr ausmachte, sondern auch, weil da plötzlich ganz viele andere Mitschüler waren, die ihn verteidigten. Björn hat es geschafft: er hat für Toleranz gesorgt. Natürlich kommt es vor, dass das Wort „Schwuchtel“ fällt, wie das in der Jugendsprache so üblich ist, „denn Schwuchtel ist mehr oder weniger zu einem In-Wort geworden“, erklärt Björn. „Wenn den Leuten dann klar wird, dass ich ja tatsächlich schwul bin, entschuldigen sie sich meistens sogar.“ Damit kann er leben, das stört ihn nicht wirklich. Er weiß, wie es gemeint ist.

Zwei Jahre lang war alles ziemlich normal. Björn ging wieder zur Schule ohne Angst haben zu müssen und lebte sein Leben, so wie er es wollte. Er ging zur Jugendgruppe, lernte hier und da jemanden kennen und fühlte sich wohl in seiner Haut. Eines Tages, Björn war wieder in der Jugendgruppe, erzählte der Jugendgruppenleiter von einem neuen Projekt. Eine Beratung

für schwule Jugendliche, betrieben von schwulen Jugendlichen. Unter Aufsicht von erfahrenen Sozialpädagogen. Die Beratungsstelle suchte neue Jugendliche, die sich ehrenamtlich beteiligen wollten. Björn dachte über dieses Angebot nach. „Ich selbst hatte nie eine Beratung in Anspruch genommen. Mit Problemen bin ich lieber alleine fertig geworden“, erzählt er. Wieso sollte er also nicht einmal versuchen, anderen Leuten bei ihren Problemen zu helfen? Björn nahm das Angebot an.

Er erzählte seiner Mutter davon, die schaute etwas verdutzt. Hatte schon fast vergessen, dass ihr Sohn ihr erzählt hatte, schwul zu sein und fing erst jetzt langsam an, daran zu glauben. Björn fuhr auf ein Seminar, lernte die Grundzüge, wie man andere Leute berät und nach ein paar Tagen war er im Beratungsteam. Beantwortete E-Mails von hilfesuchenden Jugendlichen und half ihnen, eine Lösung für ihr Problem zu finden. Das macht ihm nach wie vor Spaß: „Ich habe schon immer ein Helfersyndrom gehabt und wollte anderen Menschen helfen. Durch die Beratung habe ich dazu die Möglichkeit bekommen“, sagt er.

Außerdem lernt er dadurch für sein eigenes Leben. Man wird mit Problemen konfrontiert, die man selbst nicht hatte und muss gemeinsam mit den „Klienten“, wie Björn sie immer nennt, einen Lösungsansatz suchen. So sammelt man indirekt Erfahrungen, die einen selbst weiterbringen können. „Manchmal hat man nach einer Beratung eine ganz andere Meinung zu einem Thema als vorher“, weiß Björn.

Mit der Verantwortung, die er sich aufgebürdet hat, kann er gut umgehen. Auch, wenn die Beratung manchmal eine Belastung ist. Schließlich wird man tagtäglich mit Problemen konfrontiert, manchmal ganz hässlichen. Aber immer, wenn sich das Problem in Luft auflöst, ist das auch für Björn ein schönes Gefühl. Ein Erfolgserlebnis.

Die Initiative muss immer vom Klienten ausgehen. Der schreibt den Beratern eine Mail. Der Berater liest die Mail und schreibt eine Antwort – was folgt, ist ein langer Mailwechsel. Manchmal über ein Jahr lang. Dabei ist wichtig, dass die Berater keine Patentlösungen anbieten. „Man gibt den Klienten keine Tipps à la ‚man macht das so'“, erklärt Björn. „Wir geben ihnen vielmehr Hilfe, stoßen sie in eine Richtung und versuchen so, ihnen zu helfen. Quasi eine Hilfe zur Selbsthilfe.“ Das läuft mal gut, mal weniger gut. Kommt ganz auf den Fall an und die sind so unterschiedlich wie Tage und Nächte nur sein können. Leute, die gemobbt werden, auch von Lehrern. Teilweise so schlimm, dass sie gar nicht mehr in die Schule gehen wollen. Andere wissen nicht, wie sie es ihren Eltern sagen könnten, sind verliebt in ihren besten Freund oder haben Probleme wie Wie-sage-ich-ihm-dass-ich-verliebt-bin. Wenige Leute, die über Selbstmord nachdenken, dafür aber ganz viele, die mit ihrem inneren Coming-out nicht klarkommen.

Seit einigen Monaten ist Björn mittlerweile bei der Beratung dabei und ein kleiner Coming-out-Experte geworden. Er weiß, wie unterschiedlich Coming-outs sein können. Mal gut, mal weniger, manchmal auch katastrophal. „Jedes Coming-out ist anders, da lässt sich gar nichts verallgemeinern“, sagt er.

Das häufigste Problem, auf das er stößt, ist das innere Gleichgewicht: „Es darf nicht passieren, dass der Kopf sagt ‚Du bist schwul!' und der Bauch hinterherschiebt ‚Nee, das kann nicht sein'", erklärt Björn. Man muss mit sich selbst ausmachen, wie man sich wohl fühlt. Im Zweifelsfall gilt die Methode try and error. Einfach mal ausprobieren und wenn es nicht gut ist, sein lassen. Aber dann auch wirklich sein lassen. „Sonst macht man sich selbst kaputt", erklärt Björn. Verstand und Gefühl müssen übereinstimmen, sonst macht es keinen Sinn.

Sollte man trotzdem Hilfe brauchen, schlägt Björn folgendes vor: „Erstmal mit engen Freunden sprechen." Das hört sich banal an, ist aber meist die beste Variante. Oder falls das Verhältnis so gut ist auch mit den Eltern. Wenn beides nicht hinhaut, gibt es Vereine, die sich mit den Problemen schwuler Jugendlicher beschäftigen, zum Beispiel die Beratungsstelle von Björn. Oder ein örtliches Schwulen- und Lesbentelefon, das es in jeder größeren Stadt in Deutschland gibt. Und sollte man dafür zu schüchtern sein, findet man im Internet jede Menge Informationsportale für schwule Jugendliche.

Durch die Arbeit bei der Beratung hat Björn ein ganz neues Bild von Schwulsein bekommen. „Für mich heißt Schwulsein vor allem eines: Normalität. Ich liebe anders, heißt nicht, dass ich anders lebe." Nicht zuletzt deshalb hat sein Schwulsein wenig mit seinem Alltag zu tun. Er geht ab und zu weg, aber sonst führt er ein ganz normales Leben. „Ich gehe einkaufen, mache meine Hausaufgaben – es ist nicht so, dass mich meine Sexualität im Alltag groß beeinflusst", sagt er.

Anders ist nur, dass er keine Freundin an seiner Seite hat, sondern seinen Freund Thorsten. Den hat er eher zufällig kennengelernt, durch einen gemeinsamen Freund. Der wusste, dass Björn schwul ist und Thorsten auch. Und schaffte es dann, die beiden zu verkuppeln. Das ist mittlerweile mehr als neun Monate her. Damals, es war November, hatte es sofort

zwischen den beiden gefunkt. Sie trafen sich draußen, hier am Steg in der Kälte und unterhielten sich stundenlang über alles Mögliche. Beim vierten Treffen wurde es dann „sehr konkret", wie Björn sagt.

Seitdem sind die beiden ein glückliches Paar und haben ein extrem enges Verhältnis zueinander. „Wir teilen alles", erzählt Björn. Der Pullover, der mit dem roten Stern, gehört beispielsweise seinem Freund. Sie teilen alles – sogar ihre Kleidung. Dass andere Leute meinen, neun Monate wäre keine lange Zeit für eine Beziehung, lässt Björn kalt. „Für uns ist es aber viel, und wenn man sich mal ein paar Tage nicht sehen kann, tut das richtig weh." Er zählt nicht die Monate, er genießt die Augenblicke.

Und obwohl die beiden viel Zeit miteinander verbringen, kriegt Björn nicht genug von Thorsten. Hoffentlich bald möchte

er mit seinem Freund zusammenziehen. Gemeinsam in eine Wohnung, um noch mehr zu teilen. Aber nicht in Kiel – die Stadt ist zu klein, um hier vor Anker zu gehen. Björn zieht es nach Hamburg. „Die Stadt bietet einfach mehr für Schwule und liegt trotzdem am Wasser – davon kann ich mich nämlich nicht trennen“, sagt er. Wohin genau ihn die Zukunft treibt, ist noch ungewiss. Das Ruder jedenfalls hält er fest in der Hand und in der anderen Thorsten.

450 KM

Ministry of Sound sagt: We love Switzerland. Warum auch nicht. Tolles Land. Da hat's Berge in Switzerland, Seen und gute Menschen. Wo wir gerade sind, gibt es keine Berge. Südlich von Kiel gibt es nur platte Landschaft. Weite Felder, hier und da mal ein Wäldchen, woanders nur einzelne Bäume, die mal Wald waren. Die See haben wir auch hinter uns gelassen. Aber gute Menschen gibt's bestimmt im Norden.

Im Norden gibt's auch Hamburg. Groß ist Hamburg, von der Autobahn gesehen ziemlich hässlich. Wir fahren vorbei an der Ausfahrt Bahrenfeld, Matthias fühlt sich schon wieder heimisch. Durch den Elbtunnel und den Hafen durch. Sonnenuntergang und Container. Richtige Seefahrerromantik. So romantisch es auch sein mag: das Wetter ist beschissen. Im Norden gibt's auch schlechtes Wetter. Dann regnet es in Strömen, unser Wohnmobil fährt nicht mehr 90 sondern 40 und Patrick flucht, weil er die Straße nicht sieht. Irgendwann wird dann Nacht. Und spät. Bremen, Oldenburg, Münster, Matthias schläft ein. Dann endlich: Essen.

KIEL - ESSEN

MARTIN / 23 / ESSEN

»WENN MICH JEMAND ANSPRICHT KANN ICH IHN MEIST BESSER VERSTEHEN ALS ER MICH.«

Warmes Licht fällt durch die Fensterfront und zeichnet ein Muster auf den rot-orangenen Boden. Die Sonne scheint, eine der letzten Male in diesem Sommer. Der Raum ist klein und vollgestellt mit Dingen. Dinge, die man braucht in einem Klassenzimmer. Eine Tischgruppe, Overhead-Projektor, eine Tafel. An den Wänden sind Schränke. Aufkleber verraten, was in ihnen ist. Martin steht nachdenklich vor der Fensterfront und schaut auf die Stadt hinab. Von hier oben hat man einen grotesken, aber schönen Ausblick auf Essen. Dort unten liegt seine Welt. Sein Viertel, seine Straßen, sein Leben. Martin verbringt viel Zeit in diesem Raum. Hier fühlt er sich wohl. Lange hat er nach einer Schule gesucht, die auf seine Bedürfnisse spezialisiert ist. In Essen hat er sie gefunden. Das Rheinisch-Westfälische Berufskolleg für Hörgeschädigte. Eine Schule mit mehr als 1000 hörgeschädigten Jugendlichen.

Vor zehn Jahren hätte Martin nie gedacht, dass er hier einmal zur Schule gehen würde. Wusste er gar nicht, dass es solche Schulen gibt. Da hatte er sich seine Zukunft ganz anders vorgestellt. In Düsseldorf, seiner Heimat. Wo er eine ganz normale Schule besuchen und eine Ausbildung machen könnte. Sein einziges Problem, das er zu dieser Zeit hatte, war, dass er Jungs sehr viel interessanter fand als Mädchen. Schon mit 12 fing das an. „Am Anfang denkt man sich nichts dabei. Aber irgendwann kommt der Zeitpunkt, an dem es Klick macht. Und man weiß, dass etwas nicht stimmt." Für Martin war diese Einsicht nicht leicht. Er litt unter dem großen emotionalen Druck und versuchte, seine Homosexualität unter den Teppich zu kehren. Er und Gefühle für Jungs? Das konnte nicht sein, durfte nicht sein, sollte nicht sein. Er unternahm alles, um gegen diese Gefühle anzukämpfen. „Ich habe krampfhaft nach einer Freundin gesucht", erinnert er sich. Geklappt hat das nicht. Die Gefühle für Jungs blieben und wurden immer stärker. Irgendwann wurde aus den Gefühlen eine unangenehme Ahnung. Und aus der Ahnung bald Gewissheit: Martin ist schwul.

Diese Gewissheit machte ihm das Leben nicht leicht. Nur kurze Zeit später brachten seine Eltern die nächsten unangenehmen Nachrichten ins Haus. Sie würden sich trennen, sagten sie ihm und in diesem Moment brach eine Welt zusammen. Das war zu viel für ihn. Zu viel emotionaler Stress auf einmal. Als Martin uns davon erzählt, trommelt er mit dem Zeigefinger immer wieder auf den Tisch, ganz leise. Im Hintergrund blubbert kaum hörbar die Heizung vor sich hin. Martin schaut ins Leere, hinaus aus den Fenstern, wo die Nachmittagssonne über Essen liegt. „Das war eine harte Zeit", sagt Martin und schaut ganz ernst. Es sollte noch härter kommen.

Wenige Tage später lag Martin im Krankenhaus. Er hatte einen Hörsturz gehabt, mit 16 Jahren. Die Ärzte sagten, dass die Trennung der Eltern diesen Stress verursacht hat. Martin selbst glaubt heute, dass es eine Mischung war. Sein Schwulsein auf der einen Seite, die Trennung seiner Eltern auf der anderen Seite. Wie zwei massive Wände, zwischen denen er gefangen war, und die sich immer weiter auf ihn zu bewegten. Ihn von beiden Seiten bedrohten, bis er unter der Last zusammenbrach. Damals, als er im Krankenhaus lag, waren ihm die Gründe allerdings ziemlich egal. Bevor er sich damit befassen konnte, musste er lernen, mit den Konsequenzen zu leben. Viel wichtiger war es, sich im Alltag zurechtzufinden. Der Hörsturz war schlimm gewesen und in den ersten drei Monaten war Martin völlig taub. Konnte von jetzt auf gleich nichts mehr hören und nahm seine Umwelt ganz anders wahr. Fast so, als wäre er ein ganz anderer Mensch in einer ganz anderen Welt. Als müsste er von vorne anfangen, diese Welt kennen zu lernen und sich in ihr zurechtzufinden. Nur ganz langsam verbesserte sich seine Hörleistung wieder, Stück für Stück. Für Martin war das ein großer Fortschritt und ein Hoffnungsschimmer, auch wenn die Ärzte ihm sagten, dass er nie wieder so hören könne wie zuvor.

„Mittelgradig hörgeschädigt" nennt man das. Glück im Unglück. Martin kann Dinge hören, muss sich aber sehr darauf konzentrieren, spricht auch selbst fast normal. „Eine Kommunikation über gesprochene Sprache ist zwar möglich, aber nur, wenn keiner das Gespräch zu zweit unterbricht und auch sonst Ruhe ist", erklärt er. Aber da das in den seltensten Fällen so ist, kam Martin nicht darum herum, sein Leben neu zu organisieren. Er musste versuchen, sich als hörgeschädigter Jugendlicher in einer hörenden Welt zurechtzufinden. Am Wichtigsten war natürlich zuerst, nicht alleine dazustehen mit den Problemen. Er brauchte Leute, mit denen er sich über seine Hörbehinderung austauschen konnte. Andere Jugendliche,

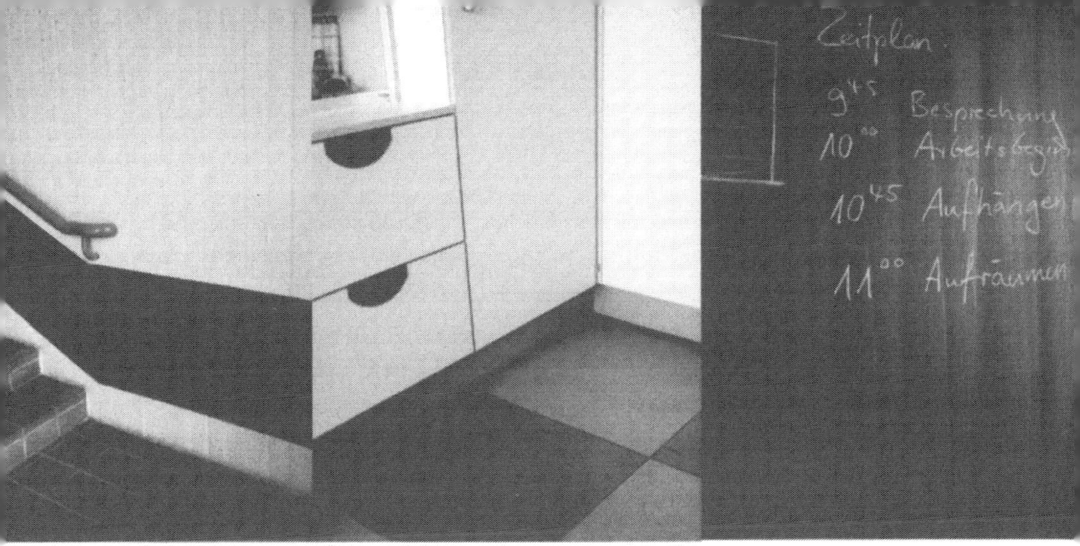

denen es genauso ging. Martin suchte sich viele hörgeschädigte Freunde. „Gleich und Gleich gesellt sich gern“, sagt er und lächelt. Was sich zuerst wie Ausgrenzung anhört, ist im Grunde doch verständlich. „Man lebt ein bisschen in seiner eigenen Welt“, erklärt Martin. „Von außen kriegt man nicht so viel mit und auch wenn Hörende häufig sehr verständnisvoll sind und auf die Hörgeschädigten Rücksicht nehmen, können sie nie ganz nachvollziehen, wie es ist auf dieser Welt, wenn man nichts oder wenig hört.“ Ein ganz einfaches Beispiel: wenn man mit Freunden in die Kneipe geht, unterhalten sich immer vier Personen gleichzeitig ganz wild durcheinander, von der Musik und den Hintergrundgeräuschen ganz abgesehen. Martin könnte da kein Wort verstehen. „Ich würde nur so dasitzen, Däumchen drehen und mir die Wand anschauen. Und darauf habe ich keine Lust.“ Dass Martin sich hörgeschädigte Freunde suchte, hatte aber auch einen weiteren Vorteil. Durch den regen Kontakt zu anderen Hörgeschädigten dauerte es nicht lange, bis er die Gebärdensprache erlernte. „Wenn man in eine Gruppe integriert ist, geht das extrem schnell“, und auch wenn man anfangs falsche Zeichen macht, wird man verstanden.

Das Gebärden ist ihm ganz in Fleisch und Blut übergegangen. Obwohl er ganz normal mit uns redet, gebärdet er seine Sätze regelmäßig mit. Formt mit seinen Händen Gesten und macht Bewegungen, die wir ohne Worte nicht verstehen könnten.

Vor ein paar Jahren, als Martin gerade dabei war sich in seiner neuen Welt zurechtzufinden, störte ihn die Gebärdensprache noch. Er fand es unangenehm. „Man steht plötzlich ungewollt im Mittelpunkt. Es ist, als würde man sich selbst einen Stempel auf die Stirn drücken, auf dem groß ‚behindert' steht." An die neugierigen Blicke seiner Mitmenschen hat Martin sich mittlerweile gewöhnt, genauso wie an die Gebärdensprache. Für ihn ist es nichts Außergewöhnliches mehr, nichts Fremdes. Es wurde alltäglich.

Alltag. Der sich ganz stark verändert hatte. Man lebt in einer Welt, die davon ausgeht, dass jeder Mensch hört. Nach dem Hörsturz entsprach Martin dieser Erwartung nicht mehr und musste lernen, damit umzugehen. Überall stolperte er über Hindernisse. In der Wohnung, in der Schule, am Bahnhof, in der Disco. Kein Telefonklingeln, keine Türklingel. Kein Wecker und kein Radio. All das, was normal Hörende für ganz selbstverständlich halten, gibt es in Martins Welt nicht. Besonders ärgerlich findet er, dass er am Bahnhof die Durchsagen nicht hört. „Ich habe deshalb schon mehrere Male einen Zug verpasst", beklagt sich Martin. „Da hat man als Hörgeschädigter schlicht und einfach Pech gehabt." Irgendwann hat er angefangen, sich damit abzufinden, dass es für ihn immer ein Stück schwerer bleiben wird als für normal Hörende. Und dass man die Hörenden im Zweifelsfall ganz penetrant darauf aufmerksam machen muss, dass nicht alles gut ist, so wie es ist. Erste Bemühungen, zumindest das Reisen für Hörgeschädigte angenehmer zu machen, gibt es bereits, erklärt Martin. In Düsseldorf am Hauptbahnhof gibt es eine Schalterhalle für Hörgeschädigte. Dort arbeitet ein hörgeschädigter Angestellter und hilft den Reisenden bei Problemen. „Das ist ein Schritt in die richtige Richtung", sagt Martin. „Ein Modell, das man möglichst schnell auf ganz Deutschland ausbreiten sollte."

Für den privaten Haushalt gibt es ausgeklügelte Systeme, die den Alltag für Hörgeschädigte leichter machen. Während

ein normal Hörender laut schrillend seine Türklingel hört, sieht Martin ein extrem helles Licht, das blinkt. So hell, dass Martin es in jedem Raum seiner Wohnung sehen kann. Auch wenn sein Telefon klingelt, blinkt dieses Licht – allerdings in einem anderen Rhythmus. Und damit Martin morgens nicht verschläft, hat er einen Vibrationswecker. Eine tellergroße Scheibe, die unter das Bett montiert wird und so heftig vibriert, dass man nicht mehr ruhig schlafen kann.

Auch sonst tut sich mittlerweile einiges. Vor allem in Essen. Martin ist nicht zufällig hierher gezogen. „Essen ist ein Zentrum für Hörgeschädigte", erklärt er. Hier gibt es ein Berufskolleg, eine Kindertagesstätte für hörgeschädigte Kinder, ein Internat für Hörgeschädigte und viele andere Einrichtungen. Auch kultureller Art. Neuerdings sogar ein Theaterverein für Hörgeschädigte. Darüber freut Martin sich ganz besonders: „Kulturell gesehen gibt es für Hörgeschädigte wirklich nicht viel", sagt er. Dabei wäre es so leicht, das zu ändern. Hin und wieder eine Kinovorführung, bei der der Untertitel eingeblendet wird, und viele Hörgeschädigte wären glücklich. Könnten mitreden, wenn sich alle über den neuen Film von Gus van Sant unterhalten. Müssten nicht einfach nur daneben stehen und Däumchen drehen. In Essen ändert sich in dieser Hinsicht momentan vieles. „In den letzten Jahren hat es so eine Art Reifeprozess gegeben“, erklärt Martin. Fast so, als wäre den Hörenden in Essen plötzlich mit einem Brett vor den Kopf gestoßen worden und sie endlich erkannten, dass es da noch die Nichthörenden gibt. Trotzdem sollte man jetzt keine Wunder erwarten, das weiß Martin. „Das braucht alles seine Zeit“, sagt er. „Von heute auf Morgen kann man da nichts reißen.“

Alles braucht Zeit, für alles braucht man Geduld. Es dauerte eine Weile, bis Martin sich an die Blicke fremder Menschen gewöhnen konnte, wenn er gebärdend durch die Stadt lief. Manche schauen nur flüchtig, was Martin da mit seinen Händen macht. Andere bleiben stehen und glotzen ihn an. „Einmal“, sagt Martin, „ist mir etwas ganz seltsames passiert. Ich stand mit einem Freund in der Stadt und wir haben uns unterhalten. Etwas links von uns stand eine kleine Familie und der Vater schaute schon die ganze Zeit zu uns rüber. Irgendwann stürzte er auf uns los und riss uns voneinander weg. Er hatte noch nie die Gebärdensprache gesehen und glaubte, wir würden bald anfangen, uns zu prügeln.“ Oder Discobesucher, die sich von der Gebärdensprache gestört fühlen. „Müsst ihr hier so komisch mit euren Händen herumfuchteln“, hatte man Martin mal gefragt. Es gibt aber auch positive Erfahrungen mit der Gebärdensprache in der Öffentlichkeit. „Viele Menschen finden das interessant, kommen auf mich zu und stellen Fragen. Darüber freue ich mich immer sehr“, sagt Martin.

Ein ganz normaler Schulgong scheppert plötzlich durch das Klassenzimmer und übertönt das leise Gluckern der Heizungsrohre. Gleichzeitig blinkt eine grüne Lampe hell auf. Optisches Signal. „Jetzt müssen wir den Raum verlassen“, sagt Martin. „Hier findet jetzt wieder Unterricht statt.“

Wir packen unsere Sachen zusammen und verlassen das Zimmer. Martin führt uns durch Gänge. Vorbei an vielen jungen Menschen, die fast alle gebärden. Hier und da grüßt Martin jemanden. Durch ein Treppenhaus kommen wir auf den leeren Schulhof. Sieht aus, wie Schulhöfe eben so aussehen. Ziemlich kahl, hier und da eine Bank, die nicht gerade einladend wirkt. Martin setzt sich auf eine Treppe und schaut in den Himmel, denkt nach.

„Gerade, als wir durch den Gang gegangen sind, habe ich einige andere Schwule gesehen", erzählt Martin und steigt so wieder in das Gespräch ein. Die Schüler kommen aus ganz Deutschland nach Essen, weil es nur wenige Schulen für Hörgeschädigte gibt. Und natürlich sind auch einige Schwule dabei. Martin selbst kennt acht in seiner Schule. Ist sich aber sicher, dass es noch viele andere gibt, viele, die sich ihre Homosexualität noch nicht ganz eingestehen können. „Schwule Hörgeschädigte haben ein viel schwereres Coming-out als normal hörende Jugendliche", erklärt Martin. Nicht nur, dass sie selbst Probleme damit haben. Besonders haben sie Angst vor den Reaktionen der Eltern. Denn für die ist es nicht leicht einen Sohn zu haben, der nicht nur hörgeschädigt, sondern auch noch schwul ist. „Deshalb sagen viele, dass sie bi seien – dann sind sie immerhin zur Hälfte normal", sagt Martin. Martin hatte auch ein Problem, seinen Eltern von seinen Gefühlen zu erzählen, aber immerhin war er sich seiner Gefühle sicher. „Ich wusste es zwar schon lange, aber durch den Hörsturz gab es plötzlich so viele Dinge, die wichtiger waren", sagt Martin. Das Einleben in die neue Welt, neue Freunde finden. Da rückte die Homosexualität so lange in den Hintergrund, bis er irgendwann sein Leben wieder geordnet hatte. Schließlich half ihm die schwule Jugendgruppe in Düsseldorf, zu sich selbst zu stehen. Ziemlich erfolgreich sogar. Nur wenig Zeit später, Martin war 18 Jahre alt, lernte er seinen ersten Freund kennen.

Im Chat. Er ist hörend und half Martin dabei, mit sich selbst klarzukommen und seine Homosexualität zu akzeptieren. „Er war so selbstsicher, dass das auf mich abfärbte“, erinnert sich Martin. Insgesamt vier Jahre dauerte ihre Beziehung, dann brach sie auseinander. „Er konnte es nicht mehr ertragen, dass uns alle Leute auf der Straße anschauten, wenn wir anfingen zu gebärden.“ Martin spricht leise und schaut auf den Boden. Das war ziemlich enttäuschend.

Trotz der vielen Hindernisse, schafft es Martin, sein schwules Leben zu leben. Er lernt nette Menschen kennen, geht in Discos und auf CSDs. Leicht ist das für ihn nie, denn immer muss Martin damit rechnen, enttäuscht zu werden. „Die meisten sind ängstlich und haben Scheu, mit einem schwulen Gehörlosen zu sprechen“, sagt Martin. Dabei ist das gar kein so großes Problem, weil Hörgeschädigte in der Regel von den Lippen lesen können, wenn der Gesprächspartner langsam und deutlich

spricht. „Wenn mich jemand anspricht, kann ich ihn meist besser verstehen als er mich“, erklärt er. Selbst spricht Martin nur selten jemanden an. „Hörende gehen dann automatisch davon aus, dass ich auch hörend bin. Die quatschen dann so wild drauf los, dass ich teilweise noch nicht mal mehr in der Lage bin, von den Lippen zu lesen.“ Das sind die Situationen, in denen Martin sich doch unwohl fühlt. Man kann sich die eigene Welt – Schule, zu Hause, Freunde – als Hörgeschädigter ganz gut einrichten, aber wenn man in die „normale“ Welt hinausgeht, wird wieder erwartet, jeder sei hörend. Deshalb hat Martin immer einen Kumpel dabei, wenn er unterwegs ist. „Der kann im Notfall dolmetschen“, sagt er und lächelt. Dann klappt alles wunderbar. „Meistens versuche ich den Leuten sofort die Angst zu nehmen, indem ich einfach anfange zu sprechen und ihnen sage, dass ich hörgeschädigt bin. Die meisten Leute entwickeln dann sogar Interesse und wollen mehr darüber wissen“, sagt er.

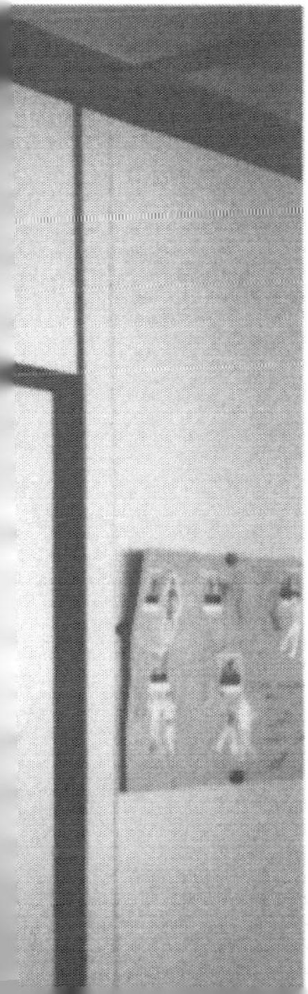

Ein anderes Problem ist das Tanzen. Für Martin weniger, er hat einen Bezug zur Musik, hat sie in seiner Jungend hören können. Wenn er tanzt, bewegt er sich zum Beat. Denn der ist laut und zu spüren. Anderen Hörgeschädigten fehlt dieser Bezug. Die kennen Musik nur als Wort. „Leider werden aus diesem Grund die Hörgeschädigten in eine Ecke geschoben, wo sie nur unter sich sind“, sagt Martin. „Die Integration ist also noch lange nicht abgeschlossen.“

Ganz anders ist das innerhalb der Gehörlosenwelt. Da ist man sehr tolerant, ein Problem mit seiner Homosexualität hatte Martin dort nie gehabt. „Hörgeschädigte sind sehr viel toleranter“, erzählt Martin. Er könnte hier auf dem Schulhof mit einem anderen Kerl knutschen und es würde niemanden stören. Wer Toleranz fordert, sollte selbst tolerant sein. Und Hörgeschädigte wissen, wie intolerant viele Menschen sein können. Auch innerhalb der schwulen Hörgeschädigten gibt es einen großen Zusammenhalt. „Wir sind hier“ ist ihre Botschaft an den Rest der schwulen Szene, die meist so sehr mit sich selbst beschäftigt ist, dass sie das kaum bemerkt. „Wir haben noch einen langen Weg vor uns“, sagt Martin. Einer, der vollgelegt ist mit Steinen und dessen Steigung niemand abschätzen kann. Am Ende sollte etwas stehen wie: Hörgeschädigte oder Gehörlose sind nicht behindert – sie sprechen nur eine andere Sprache. Bis dahin wird noch Zeit vergehen und sowohl Hörgeschädigte, als auch normal Hörende müssen aufeinander zu gehen. „Toll wäre eine Schule, auf der sowohl hörgeschädigte, als auch normalhörende Schüler wären, die sich gegenseitig helfen könnten“, überlegt Martin. Ob das funktionieren könnte, weiß er nicht. Aber er wird alles daran setzen, seinen Teil dazu beizusteuern. Nicht zuletzt deshalb möchte er Kinderpfleger für hörgeschädigte Kinder werden. Im Kindergarten, in dem seine Mutter arbeitet, ist ein gehörloses Kind angemeldet. Der Kindergarten weiß nichts mit ihm anzufangen, niemand kann gebärden. Wenn Martin so etwas hört, blutet ihm das Herz. „Ich möchte gehörlosen Kindern das Gefühl geben können, dass sie nicht anders sind, als die anderen Menschen.“ Dass sie ein Teil unserer Gesellschaft sind, dazu gehören wie jeder andere. Dass sie nicht behindert sind, sondern nur eine andere Sprache sprechen.

67 KM

Nordrhein-Westfalen ist vor allem Baustelle. Zumindest die Autobahnen. Eine Baustelle kommt nach der anderen, überall Stau und gereizte Busreiseunternehmen mit lächelnden Rentnern hinter leicht verdunkelten Fensterschreiben. Auf der Strecke von Essen nach Kapellen ist es besonders schlimm. Zwischen den Baustellen versuchen die Reisebusse mit den Rentnern verlorene Zeit aufzuholen. Brettern wie blöd über die Piste (die Rentner lächeln weiter freundlich), bis man sie im nächsten Stau doch wieder überholt. Heute ist Montag. Für Stephan fängt heute wieder die Schule an. Schluss mit den Sommerferien und der Zeit, in der man einfach mal machen kann, was man machen möchte. Wir fragen uns, wie es ihm in seiner neuen Klasse an seinem ersten Schultag ergangen ist. Ob dieses Schuljahr für ihn ruhiger wird als das vergangene?

Dann sprechen wir über Martin. Bevor wir gefahren sind, hat er uns noch die Gebärde für "schwul" beigebracht: Man fährt mit zwei Fingern die rechte Augenbraue nach. Wie seltsam, wenn man sagen kann, dass man schwul ist, und niemand versteht, was gemeint ist.

ESSEN - KAPELLEN

RAINER / 18 / KAPELLEN

»OHNE THOMAS AUF KEINEN FALL.«

Ein leises Rascheln kommt aus dem blauen Meerschweinchenkäfig in der Ecke des Wintergartens. „Pipowic“ hat jemand mit weißem Edding auf das Plastik geschrieben. Pipowic wühlt unbeeindruckt in seiner Streu. Ihn stört es nicht, dass zwei Fremde zusammen mit Rainer den Wintergarten betreten haben. Genauso wenig, wie es die Goldfische stört. Sie treiben ruhig in den Aquarien, die leise vor sich hin blubbern. An der Wand des Wintergartens hängen viele Bilder, fast jeder Quadratzentimeter ist bedeckt. Der Boden steht voll mit Gegenständen: Korbsessel, Pflanzen, ein großer Tisch mit Farbflecken, Farbtuben und noch mal Bilder. Wir befinden uns in einem Künstleratelier. Ein Künstleratelier in Kapellen.

Das liegt bei Grevenbroich und da ist die Welt noch in Ordnung. Hier kostet die Eiskugel im Einkaufszentrum gerade mal 60 Cent, die Jungs gehen zum Fußball und die Frauen zum Jazztanz. Irgendwo in diesem Trott lebt Rainer. Er ist schwul, und das wiederum macht die Sache etwas kompliziert. Denn: „Für einen richtigen Kapellner Jung gehört es sich nicht, schwul zu sein. Der Jung gehört in den Fußball- oder Schützenverein oder zumindest in den Sportverein", erklärt Rainer den Kapellner Jugendalltag. Rainer war nicht beim Fußball, auch beim Jazztanz nicht. Er hat es mal mit Judo versucht, aber auch das machte ihm keinen Spaß. Er hat sich entschlossen, kein „richtiger Kapellner Jung" zu sein und sich bei der Jugend-Kunstschule angemeldet. Während die anderen Kapellner Jungs sich auf dem Sportplatz austobten, Bälle gegen Pfosten schossen und sich dabei gegenseitig anschrien, saß Rainer in der Kunstschule und war kreativ. Und trotzdem ist Rainer nicht einer dieser verweichlichten Schwulen, die über die Fernsehsender huschen und eigentlich nichts tun, außer schwul zu sein. Rainer ist Rainer. Hat Freunde und Freundinnen, glaubt an Gott, schraubt gerne an seinem grünen VW-Polo herum, und hat davon so viel Ahnung, dass das Auto wunderbar fährt. Außerdem ist Rainer glücklich: er hat seinen Freund, eine Familie, die ihm Halt gibt und viele tolle Freunde, die für ihn da sind. Für ihn ist es selbstverständlich, dass er einen Freund hat, dass er auf Männer steht und daraus kein Geheimnis macht. Und wie er das so erzählt und dabei lacht, hier im Wintergarten seiner besten Freundin Sara, kann man sich kaum vorstellen, dass das einmal anders war.

Das liegt aber gerade mal anderthalb Jahre zurück. Damals träumte Rainer davon, eine Frau zu heiraten, ein Kind in die Welt zu setzen und die Familie samt Labrador im Mini-Van durch die Gegend zu fahren. Vielleicht statt dem Labrador auch einen Golden Retriever. So hatte er sich seine Zukunft vorgestellt und sich auch wohl damit gefühlt. Dass er Gefühle für Jungs hatte, bemerkte er zwar regelmäßig, aber irgendwie passte das nicht in seine Welt. „In Kapellen gibt es keine Schwulen", das war klar und wenn doch, dann bestimmt nicht er. Das war einfach nicht denkbar. Eigentlich hatte er auch gar keine Zeit, darüber nachzudenken. Er hüpfte mit seiner alten Clique von Party zu Party und erlebte eine wilde Zeit. Mit Drogen und mit Sex. „Das waren die Coolen und ich war dabei", erinnert sich Rainer. Er hatte auch Freundinnen – einige sogar. Ein Mittel zum Zweck, denn irgendwie musste er den Gedanken, schwul zu sein, verdrängen. „Wenn ich erst mal eine Freundin habe, kann ich nicht schwul sein", dachte er sich. Also suchte er sich immer neue Herausforderungen in heterosexuellen Beziehungen. Erst mal eine haben. Dann der erste Kuss. Das erste Petting. Der erste Sex. Aber nicht einmal das stoppte die Gefühle, die er innerlich für Jungs hatte. Also machte er Schluss, suchte sich eine neue Freundin, durchlief diesen Kreislauf erneut, bis es ihm irgendwann zu viel wurde und er sich andere Freunde suchte. In der alten Clique fühlte sich Rainer nicht mehr wohl. Seine neuen Freunde waren echter. „Es war ein ganz anderes Gefühl. Ich war nicht nur dabei, ich habe dazugehört." Plötzlich waren ganz andere Gespräche möglich, Statussymbole waren unwichtig. Rainer wurde besser in der Schule und mit seinem Leben glücklicher. Das Problem mit den Jungs blieb allerdings, bis zum April 2005.

Im April 2005 war Rainer mit der evangelischen Kirche in Holland auf einem Segeltörn. Nichts ungewöhnliches, er war schon einmal als Betreuer dabei gewesen. Dieses Mal war allerdings etwas anders. Rainer verliebte sich. Und natürlich nicht in das hübsche blonde Mädchen aus der Nachbarkajüte. Sondern in den Maat des Segelboots. „Er war groß, schön und mysteriös", erinnert sich Rainer. Gesprochen hat er kaum, das machte ihn so interessant. Eigentlich kannte Rainer diesen holländischen Jungen schon vom letzten Mal, aber da war er ihm noch nicht aufgefallen. Dieses Mal dafür umso mehr. „Jeden

Abend setzte ich mich vor die Zelte, wenn die anderen im Bett waren. Ich habe Tee getrunken, Musik gehört und insgeheim darauf gehofft, dass er rauskommt und sich neben mich setzt", sagt Rainer. Jeden Abend saß er dort in der Kälte und wartete – vergeblich natürlich. Einordnen konnte Rainer dieses Gefühl damals nicht, auch wenn es ganz eindeutig war. „Ich habe nichts gedacht", erinnert er sich. „Ich habe nur gefühlt." Erst als er im Bus nach Hause saß, fiel es ihm wie Schuppen von den Augen. „Es tat weh, dort wegzufahren und zu wissen, dass ich ihn nicht mehr sehen würde", sagt Rainer. Es war ein Gefühl, als hätte er etwas Wichtiges auf dem Boot vergessen.

Rainer zündet sich eine Zigarette an, guckt durch das Dach des Wintergartens in den Himmel und denkt kurz nach. „Sunny Road", sagt er plötzlich. „Von Emilia Torrini." Er hält kurz inne und lächelt. Emilia Torrini ist eine Sängerin und Sunny Road das Lied, das auf der Rückfahrt im Bus lief. Eines dieser

Lieder, das für Verliebte geschrieben wurde. Rainer saß im Bus, hörte dieses Lied und plötzlich tat es ihm noch mehr weh, diesen schönen Jungen in Holland zurück zu lassen. Er saß da, hörte dieses Lied und wusste plötzlich: „Du bist schwul! Jetzt kannst du dich nicht mehr anlügen." Er fühlte es, dieses Kribbeln im Bauch und die Gewissheit im Kopf, die plötzlich da war. Rainer war kaum zu Hause angekommen, da besorgte er sich das Lied und hörte es vorwärts und rückwärts. Schaute sich dabei Urlaubsfotos an. Es gab ein Gruppenfoto, auf dem er sich sicher war, dass der Maat ihn anschaute. Rainer hatte plötzlich Gefühle, die er vorher noch nie gehabt hatte. Sie fühlten sich so echt und intensiv an, dass Rainer aufhörte, gegen sein Schwulsein anzukämpfen. Denn er wusste, dass es keinen Sinn machen würde, sich weiterhin vor sich selbst zu verstecken. „Natürlich hätte ich mir auch eine Frau nehmen und so tun können, als wäre ich nicht schwul. Dann hätte ich vielleicht irgendwann mit 40 eine Familie, einen Minivan und einen Labrador, wäre damit aber nicht glücklich – und dann?", fragt er. Dann bringt er es auf den Punkt: „Man hat nur ein Leben – und das lebe ich jetzt!"

Die Zeit nach Rainers Eingeständnis war rasant. Fast so, als hätte er geglaubt, schon viel zu viel Zeit verschenkt zu haben. Schließlich war er gerade 17 geworden und plötzlich gab es da so viele Dinge, die es zu entdecken galt. Rainer erkundigte sich im Internet, chattete mit anderen schwulen Jugendlichen und fasste den Entschluss, zum schwulen Jugendzentrum „anyway" nach Köln zu fahren. „Das schien mir die sicherste Methode, andere Schwule kennen zu lernen. Ich hatte keine Lust, auf irgendein Parkplatztreffen oder auf gut Glück in eine Schwulendisco zu gehen." Der Gang zum anyway war ein spannender Schritt in seinem Leben, denn Schwule kannte Rainer nur aus dem Chat und aus dem Fernseher. In Köln lernte er dann richtige schwule Jugendliche kennen. Eigentlich die ersten richtigen, echten Schwulen überhaupt. „Das war etwas ganz tolles. Man ging etwas trinken, redete über das Coming-out und gab sich gegenseitig Hilfestellung“, erklärt Rainer. Er war der Jüngste in der Gruppe und profitierte von der Erfahrung der Älteren.

Es dauerte nicht lange, bis Rainer sein erstes Coming-out hatte. Er saß bei seiner besten Freundin Sara, und sie fragte ihn aus heiterem Himmel, ob er eigentlich schwul sei. Etwas erschrocken sagte er „Ja.“ Er selbst hätte sich kaum getraut, es ihr so früh zu sagen. Auch, wenn es genau das war, was er wollte. „Ich konnte die Worte ‚Ich bin schwul’ einfach noch nicht über die Lippen bringen“, erklärt er. Umso besser, dass Sara ihm diese Arbeit abnahm. Denn danach war alles ganz anders. Er hatte eine Person, die ihn verstand. Eine Person, vor der er sich nicht mehr verstecken musste. Vor ihr durfte er von nun an Typen hinterher schauen, schnulzige Filme sehen und laut bei ABBA-Liedern mitsingen. Ein wunderbares Lebensgefühl. Kurze Zeit später erzählte er es auch seiner Schwester und seinen Eltern. Im Garten, an einem sonnigen Tag. Der Vater steckte sich daraufhin eine Zigarette an, obwohl er eigentlich fast nie rauchte. Die Mutter war etwas geschockt, sie hatte sämtliche Anzeichen ignoriert und brauchte einfach Zeit, um mit dem Gedanken zu recht zu kommen. Sie kaufte einen Ratgeber, für sich selbst und für ihren Sohn, weil sie wissen wollte, was das heißt, „homosexuell“ zu sein. Rainer hasst es, wenn sie diesen Begriff benutzt. „Das hört sich an, als hätte ich eine Krankheit“, sagt er. Mittlerweile sagt sie „schwul“ und kommt auch sonst sehr gut damit klar, dass ihr Sohn anders liebt. Rainers Vater hatte von Anfang an kaum Probleme damit, und sagte sofort beim Coming-out, dass er zu ihm halten würde, selbstverständlich.

Der nächste Schritt war, es der Clique zu erzählen. Er hatte das sehr genau geplant. Nach einem gemütlichen Abendessen in seiner Küche stellte er ihnen jeweils einen Schnaps vor die

Nase, damit sie das Geständnis besser verkrafteten. Nachdem er schließlich das „Ich bin schwul“ über die Lippen gebracht hatte, brauchte den Schnaps niemand. Im Gegenteil: „Und ich hatte gedacht, es wäre etwas Schlimmes!“, sagte eine Freundin und der Abend ging weiter, als wäre nichts gewesen.

Rainer ging danach einen großen Schritt vorwärts und erzählte es bewusst den Tratschtanten der Schule. Eine sichere Methode. Mittlerweile weiß es also die ganze Schule, das ganze Kapellen, verändert hat sich nichts. Rainer ist immer noch der Rainer, der er vorher gewesen war. Sogar die Jugendlichen in seinem Dorf haben kein Problem mit seiner Homosexualität und auch die Freunde seiner Eltern aus dem Schützenverein und vom Kegelclub machen keine dummen Kommentare.

Es war beinahe perfekt. Aber eine Kleinigkeit fehlte in Rainers Leben: „Ich wollte nicht mehr alleine sein“, erinnert er sich. „Und ganz ehrlich: ich wollte auch endlich Sex mit einem Jungen haben.“ Eine richtig schöne Liebesgeschichte musste her. Wieder ging Rainer ins Internet, obwohl er eigentlich immer Leute verachtet hatte, die sich dort ihre Partner suchen. Er hatte gehört, wie das läuft auf den großen Datingseiten. Wie oberflächlich es dort ist und dass Sex häufig im Mittelpunkt

steht. Daran hatte er kein Interesse, das war ihm zu blöd. „Mein erstes Mal mit einem Mann sollte etwas besonderes sein." Trotzdem stolperte er im Internet über dieses eine Profil, das ihn nicht mehr los ließ. Zwei Wochen lang klickte er es an, traute sich aber nicht, eine Message zu schicken. Wieso sollte auch gerade er eine Chance haben? Er war hin- und hergerissen, überwand schließlich seine Selbstzweifel und traute sich, den Profilbesitzer anzuschreiben. „Scheiß drauf, was hast du zu verlieren", dachte er sich. Rainer fieberte einer Antwort entgegen, die nicht lange auf sich warten ließ. Thomas war der Name des Jungen. Es folgten viele Antworten und Antworten auf Antworten, eine Woche lang. Dann tauschten die beiden Bilder, Telefonnummern, telefonierten und fassten den Entschluss, sich persönlich kennen zu lernen.

Das Date war an einem Freitagabend, um halb Acht, daran kann Rainer sich noch erinnern. „Ich war unglaublich aufgeregt." Rainer schmunzelt, als er uns das erzählt. Er zündet sich eine neue Zigarette an und erzählt weiter. Sie wollten sich bei ihm in Kapellen treffen und dann gemeinsam ins Kino fahren. Ganz klassisch. Als der große Abend kam, beobachtete Rainer schon vom Wohnzimmer aus, wie Thomas' Auto im Hof hielt. Als es klingelte, stand er längst hinter der Haustür – wartete aber noch fünf Sekunden, bevor er die Tür öffnete. Er wollte nicht den Eindruck erwecken, als hätte er auf Thomas gewartet. Denn natürlich wollte er cool wirken und alles sollte perfekt laufen. Als die beiden schließlich zum Kino aufbrechen wollten, standen plötzlich Rainers Eltern in der Haustür, die an dem Abend weg gewesen waren. Thomas durfte Hände schütteln und Fragen beantworten, was Rainer natürlich ziemlich unangenehm war. Erst, als er mit Thomas im Kino saß, lief es wieder gut. Vom Film bekamen wohl beide nicht viel mit. Rainer war die ganze Zeit von dem schönen Thomas neben ihm abgelenkt. Und jedes Mal, wenn Rainer zu ihm rüberschaute, und Thomas gerade in diesem Moment auch zu ihm, schauten beide sofort wieder verschämt auf die Leinwand. „Das war wie im Film“, schwärmt Rainer heute.

Nach dem Kino fuhren sie wieder zu Rainer nach Hause, setzten sich in die Küche und quatschten über Gott und die Welt. Die romantische Stimmung aus dem Kino war verschwunden. Zerstört von einem großen, eckigen Küchentisch, der jegliche Nähe im Keim erstickte. Thomas verstand das sehr schnell und schlug vor, gemeinsam eine DVD zu schauen, sich gemütlich auf die Couch zu setzen. Rainer hingegen verstand das nicht so schnell und wollte lieber noch etwas quatschen, bis er irgendwann kapierte, worauf Thomas hinaus wollte. „Da war der Groschen gefallen: warum will jemand bei einem romantischen Film mit mir auf einer engen Couch sitzen?“ Rainer lächelt uns an. Sie gingen also ins Wohnzimmer und Rainer legte den Film „Tatsächlich Liebe“ in den DVD-Spieler. Thomas machte es sich auf der Couch gemütlich und schlug vor, dass Rainer sich zwischen seine Beine legen könnte. Rainer wusste, dass seine Eltern bereits im Bett lagen, sonst hätte er sich vermutlich nicht darauf eingelassen. „In den ersten zehn Minuten habe ich mich noch nicht mit dem vollen Gewicht auf ihn gelegt“, erinnert er sich. Aber ewig ließ sich das nicht aushalten. So lagen sie also auf der Couch, im Fernsehen lief „Tatsächlich Liebe“ und zwischen den beiden knisterte es ganz gehörig. „Irgendwann merkte ich, wie er sich nach vorne beugte und mir einen Kuss auf die Stirn gab“, erinnert sich Rainer. Er fand das damals etwas verunsichernd – schön, aber verunsichernd. Und traute sich dann immerhin, Thomas’ Hand zu nehmen. „Ich fand das total mutig von mir“, sagt er heute. Die beiden schauten sich in die Augen. „Thomas gab mir einen Kuss auf den Mund, ziemlich sanft. Und dann gab ich ihm einen Kuss – aber so richtig!“ Spätestens da war alles zu spät. Rainer war verliebt – und zwar heftig. „In mir war plötzlich etwas, das ich bei einer Frau nie hatte. Da waren plötzlich ganz viele Gefühle, ein unglaubliches Knistern.“ Das Gefühl nach dem Kuss war aber auch seltsam. Einerseits freute sich Rainer: Der erste Kuss mit einem Jungen. Andererseits ging ihm das alles auch zu schnell, schließlich kannte er Thomas erst seit ein paar Stunden. Sie setzten sich also wieder an den Küchentisch und fingen an, darüber zu reden. Nach einigen Minuten stand dann das Ergebnis: „Wir haben uns mehr oder weniger darauf geeinigt, eine Beziehung zu wagen“, erzählt Rainer. Er zögert kurz und zieht an seiner Zigarette. „Ich glaube, es war Liebe auf den ersten Blick.“ Und dann gingen sie natürlich wieder von der Küche zurück auf die Wohnzimmercouch.

Rainer hatte jetzt einen Freund. Einen Freund. „Anfangs konnte ich das gar nicht glauben. Ich habe es mir zwar immer wieder gesagt, aber ich konnte es nicht glauben“, erinnert er sich. Er war verdammt glücklich, hatte nur noch gute Laune: Er wirkte attraktiv auf einen Mann. Als Rainer uns davon erzählt, weiß er gar nicht, wie er seine Gefühle in Worte packen soll. „Das war – boah. Toll! Das war alles so cool!“ Rainer brauchte einige Tage, bis er klare Gedanken fassen konnte. Nur zwei Tage nach dem ersten Kennenlernen lud Rainer Thomas zum Essen ein. Seine Eltern hatten noch keine Ahnung von der Beziehung, bis er während des Hauptganges spontan loslegte: „Ach, was ich noch sagen wollte. Wir sind zusammen!“ Thomas fiel vor Schreck die Gabel auf den Teller und Rainers Vater schaute Thomas entgeistert an. Das Problem war weniger, dass er einen Freund hatte – dass Rainer schwul war, wussten sie ja schon länger – sondern, dass es so schnell gegangen war.

Heute, knapp elf Monate später, versteht sich Thomas mit Rainers Familie hervorragend. Elf Monate, fast ein Jahr – eine lange Zeit. Die ersten Monate der Beziehung waren wunderbar, sie bauten tiefes Vertrauen zueinander auf, waren füreinander da. Dann gab es einen großen Einschnitt. Rainer lehnt sich in seinem Stuhl zurück und hört auf zu lächeln. „Das gehört nun einmal auch zur Geschichte.“ Leider.

Es begann damit, dass Rainer sich über eine Kleinigkeit aufregte. So, wie man das manchmal macht. Aus der Lappalie wurde ein handfester Streit und aus dem Streit eine kleine Katastrophe. Thomas weigerte sich an diesem Abend, bei Rainer zu übernachten und fuhr nach Hause. „Eigentlich wollte ich das gar nicht, aber ich war zu stolz, mich für meinen kleinen Ausraster zu entschuldigen“, erinnert sich Rainer. Nach diesem Streit gab es erst einmal Funkstille zwischen den beiden. Keiner wollte den ersten Schritt auf den anderen zugehen, und aus Frust ging Thomas fremd. Rainer wusste davon nichts. Und Thomas erzählte es ihm auch nicht, als sie sich nach einigen Tagen wieder vertragen hatten. Nur Sara wusste Bescheid, Rainers beste Freundin. In seiner Verzweiflung hatte Thomas mit ihr gesprochen und ihr versprechen müssen, es Rainer so schnell wie möglich zu erzählen. Als das nach zwei Wochen aber immer noch nicht passiert war, sagte Sara es Rainer selbst. Es war Valentinstag, genau der richtige Tag, um zu erfahren, dass einen der Freund betrogen hat.

„Ich habe das zuerst gar nicht glauben können“, erzählt Rainer. Es tat zuerst nicht weh und geweint hat er auch nicht. Es war so abstrakt, so unvorstellbar. Eine halbe Stunde später

erst, als ihn bei einem Telefonat ein Freund fragte, wie's geht, kamen die Tränen und er konnte auf die Frage nichts antworten. Es fühlte sich entsetzlich an.

Als Thomas tags darauf das nächste Mal zu Rainer kam, stellte der ihn zur Rede. Thomas konnte darauf nichts antworten. Er ging zurück zu seinem Auto. Er hatte nicht damit gerechnet, dass Sara es Rainer bereits gesagt hatte. Im Auto blieb er sitzen, unfähig, loszufahren. Bis Rainer sich neben ihn setzte und mit ihm redete. Er wollte, dass Thomas sich Mühe gab. „Ich will sehen, dass du für mich kämpfst", sagte er ihm. Er wollte den Beweis dafür haben, dass Thomas ihn wirklich liebt und dass ihm sein Fehltritt Leid tut. Ob es dann weitergehen würde mit ihnen – keine Ahnung.

Als es ihrer Beziehung schlecht ging, ging es auch Rainer selbst schlecht. Er war emotional fertig, bekam nichts mehr auf die Reihe und war mit sich selbst unzufrieden. Rainer ging für 56 Euro zum Frisör, für 400 Euro einkaufen und holte sich

Kontaktlinsen. Als er am nächsten Tag in die Schule kam, und die Mädchen darüber tuschelten, wie gut er aussähe, ging es ihm ein bisschen besser. „Das war vielleicht nicht unbedingt die männlichste Lösung für so ein Problem, aber besaufen hatte mir nicht geholfen“, scherzt er. Trotzdem kreisten seine Gedanken um Thomas. Dem es natürlich auch nicht gut ging. Thomas' Mutter rief bei Rainer an und sagte, dass sie Angst hätte um ihren Sohn. Sie wusste von dem Seitensprung. Thomas verbrachte Stunden auf seinem Zimmer und weinte - Mitleid konnte Rainer aber nicht haben. Dafür war in seinem Kopf nicht viel Platz, schließlich war Thomas es gewesen, der ihn betrogen hatte. Und all das mitten in der Klausurphase, die Rainer richtig in den Sand setzte. Dass ihn die ganze Geschichte so sehr mitnehmen würde, hätte Rainer nie gedacht. „Ich war immer so rational – und auf einmal!? Dass ich emotional so geknickt bin, hätte ich nie erwartet.“ Das mag er nicht an der Liebe, sagt er. Dass sie so irrational und unkontrollierbar ist.

Es dauerte, bis zwischen ihm und Thomas wieder Kontakt zustande kam. Einige Tage. Dann lud Thomas ihn zum Essen ein und Rainer merkte, dass Thomas sich richtig Mühe gab. „Trotzdem wusste ich noch nicht, was ich machen sollte.“ Zurück zu ihm oder nicht? Der Schmerz saß tief und es tut teilweise sogar heute noch weh, wenn Rainer daran zurückdenkt. Nach dem Essen sind die beiden zu Thomas nach Hause gefahren und haben sich in der Nacht versöhnt.

Trotzdem war danach nicht alles wie vorher. „Da ist etwas kaputt gegangen“, erklärt Rainer. Zuviel Vertrauen, das verletzt wurde. Und daran änderte sich auch einige Wochen lang nichts. Erst, als die beiden kurzfristig für zwei Wochen in Urlaub fuhren, war sich Rainer sicher, dass es richtig war, ihm zu verzeihen. „Wenn ich Thomas sehe, ihn erlebe, dann sind meine Zweifel wie weggeblasen“, erklärt er. Heute kann er sich keinen tolleren Freund vorstellen. „Wenn ich einen schlechten

Tag hatte, dann ist er für mich da. Nimmt mich in den Arm und tröstet mich.“ Dass es mal besser und mal schlechter läuft in einer Beziehung, findet Rainer normal. Denn er weiß, dass nach jeder Talfahrt auch irgendwann wieder der Anstieg auf den Berg kommt. Und dass es eine gute Beziehung ausmacht, diesen Anstieg gemeinsam zu meistern. Gemeinsam die Hürden zu überwinden und gemeinsam stark zu sein. Nicht zuletzt aus diesem Grund ist Rainer froh, seinen Freund zu haben. Ein Leben ohne ihn könnte sich Rainer nicht vorstellen. „Ohne Thomas auf keinen Fall“, sagt er nach einer kurzen Pause noch einmal, als hätte er sich ein Singleleben gerade vorgestellt. „Auf keinen Fall.“

118 KM

Matthias schmeißt Patricks Kippe aus dem Fenster. Dann putzt er sich die Nase. Das scheint zu helfen. Die Stimmung ist ganz seltsam. Irgendwo zwischen Freude und Trauer. Wir haben zwei extrem anstrengende Wochen hinter uns und in wenigen Stunden auch das letzte Gespräch. Das ist schön. Andererseits haben wir eine wirklich tolle Zeit gehabt und tolle Zeiten gibt es viel zu selten. Das ist traurig.

Wir hatten viel Spaß bei Rainer in Kapellen nähe Grevenbroich, nicht weit weg von Düsseldorf. Ein lustiger Ort und als wir ihn verließen, fuhren wir vorbei an einer Gruppe Mädchen. Jetzt wissen wir, was Rainer meinte, als er sagte, dass man als Mädchen in Kapellen zum Jazztanz geht...

Auf unserer Fahrt nach Bonn kommen wir an Köln vorbei. Endlich darf Patrick sich auch mal heimisch fühlen und ein Karnevalslied anstimmen. Matthias stellt darauf hin das Radio an. Als wir nach Bonn reinfahren, läuft im Radio ein Lied von Michael Jackson. Michael Jackson und Bonn haben vieles gemeinsam. Beide waren mal richtig wichtig, vor ein paar Jahren. Na wenn das nichts ist...

KAPELLEN - BONN

JULIAN / 23 / BONN

»JEDER MENSCH SOLLTE DIE WELT VERÄNDERN WOLLEN.«

Auf die Tür, die Jacke aus. Zu die Tür, die Jacke an die Garderobe gehängt. Da hängt sie gut, da gehört sie hin. Neben den Spiegel, der vollgeklebt ist mit Aufklebern, Zetteln und Flyern. „Schwule sind auch nur Menschen“, steht da und „Lust auf eine schnelle Nummer?“ Julian entscheidet sich für die schnelle Nummer. Flitzt zwischen seinem Zimmer und der Küche hin und her. „Setzt euch“, sagt er aus der Küche. Dann klimpern Tassen, Schränke werden geöffnet und laut wieder geschlossen. Julians Zimmer ist nicht groß, aber hell. Ein Schreibtisch, ein Bett, ein Bücherregal, ein Schrank. Auf dem Bücherregal stirbt eine Topfpflanze vor sich hin, lässt die vertrockneten Blätter hängen und die wenigen grünen streckt sie trotzig in die Luft. So, als würde sie nicht loslassen wollen. Wenig später steht Julian wieder in der Tür. Serviert hastig den Tee und flitzt noch einmal in die Küche, um eine große Tafel Schokolade zu holen.

Julian kann nicht stillsitzen. Wenn er Besuch hat genauso wenig wie wenn ihm etwas nicht passt. Er will sich kümmern um Dinge, die ihm wichtig sind. Und er hat seine eigene Meinung. Das war schon immer so gewesen. Wenn alle von der Brücke sprangen, blieb Julian stehen – aus Prinzip. „Ich war noch nie massenkompatibel“, sagt er aus heutiger Perspektive und lacht. Heute kann er darüber lachen. Als Student wäre es schlimm, wenn er einfach mitspringen würde, ohne darüber nachzudenken. Früher, in der Schule, fiel er dadurch auf. Er war das, was man Außenseiter nennt: Die Jungs, die in der Pause mit den Dicksten und Dümmsten am Rand des Pausenhofs saßen, anstatt mit den coolen Jungs Fußball zu spielen. Der dürre, große, unsportliche da am Rand, das war Julian.

„Auf dem Schulhof geht es nicht darum, wer die coolsten Sätze formulieren kann“, erinnert sich Julian. „Da geht es um Sportlichkeit und Männlichkeit.“ Sportlich war Julian nicht, über Männlichkeit machte er sich in der Grundschule überhaupt keine Gedanken. Trotzdem ging es ihm ganz gut, es gab

zumindest die anderen Außenseiter. Zwar nicht die Freunde, die Julian sich wünschte. Aber immerhin: Freunde.

Als er mit 13 ins Gymnasium kam, waren auch die weg. Da kam Julian in eine neue Gruppe. In eine Klasse voller Jungs, die sportlich und männlich waren und Julian das bei jeder Gelegenheit spüren ließen. Sie mobbten ihn, schlossen ihn aus, wo es nur ging. „Das waren die schlimmsten Jahre meines Lebens. Da war ich ziemlich schnell komplett unten durch," erinnert sich Julian. Gleichzeitig war es aber auch die Zeit, in der er am meisten das Gefühl hatte, dazu gehören zu wollen. Er hatte es satt, als einziges Viereck in einer Welt voller Kreise zu leben. Wollte nicht ständig anecken und auffallen. Aber: „Julian passte nicht in diese Klassengemeinschaft", sagt er. Spricht von sich selbst in der dritten Person. So, als wäre dieser Julian von damals ein Fremder. Aber wahrscheinlich möchte man so eine Zeit weit von sich wegschieben, wenn man sie überstanden hat. Ein bisschen besser wurde es erst, als ein Lehrer auf Julian aufmerksam wurde. Er sah, wie Julian jeden Tag im Abseits stand und ausgeschlossen wurde – hörte die hässlichen Worte, die man ihm zurief. Der Lehrer ergriff Partei für Julian, setzte sich gemeinsam mit ihm und den Peinigern an einen Tisch und verhandelte einen „Waffenstillstand". Geändert hat das nichts. Die Atmosphäre blieb weiterhin vergiftet, aber irgendwie war das auch egal. Julian hatte schon längst jegliches Vertrauen in seine Mitschüler verloren und würde es auch so schnell nicht wieder aufbauen können. Die Beleidigungen blieben, die Ausgrenzung wurde fast noch schlimmer und immer wieder riefen sie ihm „Julian ist schwul!“ hinterher - einfach als Beleidigung gemeint, denn dass Julian tatsächlich schwul ist, konnten sie nicht wissen - Julian selbst war sich darüber ja noch nicht im Klaren.

Die Klarheit – oder vielmehr eine erste Ahnung – kam erst mit einer Jugendfreizeit im Elsass. Eine dieser Veranstaltungen, bei denen sich die Kinder vorher nie gesehen haben und sich erst vor Ort kennenlernen. Eine Chance für Julian: Nur Jugendliche, die er neu kennenlernte. Die noch keine vorgefertigte Meinung von ihm hatten und er keine von ihnen. Und tatsächlich: Es war ganz anders als in der Schule. Zum ersten Mal gehörte Julian dazu – zumindest ein bisschen. Spielte mit den anderen Jungs Fußball, und was man sonst noch so spielt auf Jugendfreizeiten, bis er irgendwann krank in seinem Bett lag. Blöd gelaufen. Jetzt konnte Julian doch nicht mehr mitspielen und saß schon wieder nur am Rand. Als die ganze Gruppe an einem sonnigen

Nachmittag eine Wanderung machte, musste Julian im Lager bleiben. Ein anderer Junge meldete sich freiwillig, bei Julian zu bleiben und auf ihn aufzupassen. Zwei Jungs ganz alleine im Lager mit ganz viel Zeit, denn so eine Wanderung dauert. Der Junge „kümmerte“ sich um Julian, sehr intensiv sogar. Das war das erste Mal, dass Julian etwas mit einem Jungen hatte. Und es war richtig toll.

Zurück im heimischen Braunschweig fing ein Prozess an. „Wie ein Samen, den man in die Erde legt. Irgendwann keimt da was.“ Es keimte wirklich. Tief in Julian drin wuchs langsam eine Pflanze heran, die ganz seltsame und ungewöhnliche Blüten trug. Nichts war mehr so, wie es vorher war. Schlagartig wurde ihm bewusst, wie sexy er die Jungs beim Schwimmunterricht unter der Dusche fand. Dass sie viel besser aussehen als irgendein Mädchen und viel interessanter waren. Die Gefühle waren intensiv, aber Julian wollte noch nicht daran glauben, tatsächlich schwul zu sein. Wollte den Jungs aus seiner Klasse nicht noch mehr Gesprächsstoff liefern, als sie ohnehin schon hatten. Aus Trotz versuchte Julian, eine Freundin zu finden. Irgendetwas attraktives an den Mitschülerinnen zu finden oder an der Frau in der Parfümreklame. Was natürlich nicht klappen konnte. Die Pflanze, die in ihm heranwuchs, ließ für solch einen Unfug keinen Platz. Ließ sich nicht in eine adrette, vorgartentaugliche Kugelform schneiden und wucherte unkontrollierbar in Julian herum. Der dachte darüber nach, versuchte, zu verstehen, was mit ihm los war und was seine Gefühle zu bedeuten hatten. Helfen konnte ihm dabei niemand, am ehesten noch sein Hund. Aber der war schweigsam. Regelmäßig ging Julian die immergleiche Runde mit ihm spazieren. Stundenlang schlenderten sie durch Felder und Alleen und Julian wälzte das immergleiche Thema im Kopf hin und her. So lange, bis er irgendwann im Angesicht der schönen Natur, der ganzen schönen wilden Pflanzen, zu einem paradoxen Schluss kam: „Vielleicht bin ich ja schwul – aber wenn, dann wird schon irgendwann ein besonderer Typ kommen und ich werde mich verlieben. Bis dahin muss ich mich also noch nicht als schwul bezeichnen“, erklärt er uns und schüttelt den Kopf. „Solange die Pflanze noch keine Früchte trägt, kann man sie ignorieren, dachte ich.“

Tatsächlich funktionierte das ganz gut, vorerst. Schließlich kann man immer andere Dinge tun, als sich mit seinen Gefühlen zu beschäftigen. Immerhin fand Julian langsam wieder mehr Anschluss in seiner Klasse. Ein paar lockere Freundschaften – man wird eben nicht jünger und mit dem Alter kommt die Reife. Und je reifer die anderen wurden, desto seltener stand Julian am Rand des Schulhofs. Fußball spielte man nicht mehr – dafür war man zu alt geworden. Man stand jetzt nur noch so rum, redete über dies und das und schaute dabei Mädchen hinterher. Julian machte mit, obwohl sich die Gerüchte, dass er schwul sei, nicht legten. Auf einer Klassenfahrt nach Prag fragte ihn ein Mitschüler – schon ziemlich betrunken – ob die Gerüchte denn stimmten. Ob Julian tatsächlich schwul sei, wie immer alle behauptet hätten. Einer von Julians neuen Freunden fiel dem Mitschüler sofort ins Wort. „Julian ist nicht schwul! Sowas würde der nie tun!“ Julian widersprach nicht. Schöne neue Freunde. Aber wirklich sicher war er sich ja immer noch nicht, noch trug die Pflanze schließlich keine Früchte. Noch nicht.

Kurze Zeit später wurde Julian 18 und verliebte sich. Natürlich nicht in ein Mädchen. Die ersten Früchte wuchsen an der Pflanze und konnten bald geerntet werden, denn plötzlich ging alles furchtbar schnell. Am Anfang der zwölften Klasse outete er sich. Aus dem Julian mit der eigenen Meinung, der etwas seltsam war, wurde jetzt ein Julian, der mit sich selbst genauso selbstbewusst umging, wie mit seiner eigenen Meinung. Dieser Julian trug Glitzershirts und Regenbogenarmbänder. Nur einen Regenbogengürtel hatte er nie um die Hüften, so etwas will er auch nicht haben, so etwas fand er schon immer schrecklich. Stattdessen trug er einen Regenbogenaufkleber auf der

Schultasche. Er hatte schließlich einiges aufzuholen und nennt diese Monate selbst „die schwulste Zeit meines Lebens". Das Signal, das Julian setzen wollte, war klar. Einc Provokation seiner Mitschüler. „Wenn ihr schon den vermeintlich heterosexuellen Julian nicht ertragen könnt, wie dann den schwulen?", war sein Statement. Wahrscheinlich wollte er auch einen Grund finden, wieso ihn seine Mitschüler so lange nicht gemocht hatten und wieso er sie nicht mochte. Aber die Provokation funktionierte nicht. Keine blöden Kommentare, keine „Schwuchtel"-Rufe auf dem Schulhof. Keine Prügelei und auch sonst nichts, was in irgendeiner Weise abwertend gewesen sein könnte. Als Julian das erzählt, klingt er noch heute ein bisschen enttäuscht. „Es war so eine pseudo-tolerante Atmosphäre. Niemand sagte irgendetwas, aber es war so klar, was sie dachten." Er konnte nichts tun, musste sich damit abfinden. Suchte sich schwule

Freunde und fand bald einen Freund, den er regelmäßig mit nach Hause nahm.

Irgendwann wurde seine Mutter skeptisch. So viel Männerbesuch, das war noch nie dagewesen. Dass plötzlich fast täglich dieser Junge mit Julian nach Hause kam und erst spät am Abend wieder ging, das machte sie misstrauisch. Sie nahm ihren Sohn bei Seite und fragte ihn, ob er schwul sei. Zwickmühle. Julian hatte sich selbst versprochen, nicht zu lügen, wenn er diese Frage gestellt bekäme. Also log er auch in diesem Fall nicht.

Seine Mutter heulte drei Wochen lang, jeden Abend. Manchmal ganz bitterlich. Aber je mehr Zeit sie hatte, sich mit dem Gedanken auseinander zu setzen, desto unspektakulärer wurde er. War ihr Sohn halt schwul – na und? Ist doch immer noch der Gleiche. „Sie hat sich auch erst outen müssen", meint Julian und springt dann hektisch auf. Stürzt rüber zum Bücherregal, auf dem die Topfpflanze immer noch stirbt und wühlt in Kisten. „Ich habe hier irgendwo ein Foto von uns beiden", sagt er. „Vom CSD in Braunschweig." Er wühlt und wühlt, kann es aber nicht finden. „Meine Eltern hatten sich für den CSD ein Plakat gemalt, mit der Aufschrift ‚Unser Sohn ist schwul und das ist gut so'", erzählt Julian. Das Plakat war groß in der Zeitung abgebildet und in der ganzen schwulen Szene in Braunschweig redeten alle darüber, wie toll Julians Eltern sind. Das machte ihn stolz, stolz auf seine Eltern und das ist er auch heute noch.

Mit so viel familiärem Rückenwind explodierte Julians schwules Leben innerhalb kürzester Zeit. Seine schwulen Freunde traf er regelmäßig, hauptsächlich in der örtlichen Jugendgruppe. „Da lernte ich zum ersten Mal einen Haufen Leute kennen, mit denen ich glaubte, vieles gemeinsam zu haben", erzählt er. Damals war er total begeistert. So viele junge Schwule. So viele spannende Menschen, so viel Spaß. Weil Julian sich gerne für Dinge engagiert, die ihm wichtig sind, wurde er schon mit 19 Jahren Leiter dieser Jugendgruppe. Er lernte die Szene von allen Seiten kennen. Aus sämtlichen Blickrichtungen mit sämtlichen dunklen Ecken, an denen man sich stoßen kann. Außerdem war er plötzlich mit den Problemen anderer Jungs konfrontiert. Als Jugendgruppenleiter war er Ansprechpartner bei Problemen. Mädchen für alles. Ganz egal, ob es um den ersten Freund ging oder Sexprobleme. Ob es Stress mit den Eltern gab oder Probleme mit anderen Jungs. Ständig unnötige und oberflächliche Streitereien, auf die Julian irgendwann einfach keine Lust mehr hatte. Ihn kotzte das alles an. „Die Szene ist total verlogen“, sagt er. Alle sind schwul – natürlich. Aber sonst hat man wenig gemeinsam. „Deshalb erfindet man einfach Dinge, die alle Schwulen verbinden sollen und über Sexualität hinausgehen.“ Schwule Feste, schwule Markenklamotten, schwule Bands, schwule Gesichtspflege. „Eine einzige große Party- und Lifestyle-Veranstaltung“, sagt Julian. Man habe es sich nett eingerichtet, mit nackten Männern aus Gips, die vor die Wand gerückt werden. Leopardenfell-Sofas mit Goldverzierungen und Pop-Gedudel im Hintergrund. Es sei richtig gemütlich geworden. „Aber was hat das mit Schwulsein zu tun?“ Nichts, findet Julian und gerät richtig in Fahrt. „Gleichzeitig schließt dieser Kult um Dinge alle Schwulen aus, die anders denken“, setzt er sein Plädoyer fort. Man muss schön sein, jung sein. Nicht zu tuckig bitteschön, aber man muss offen schwul leben. Andere Lebenseinstellungen werden überhaupt nicht honoriert. „In der Szene ist wenig Platz für andere“, so Julians Erfahrung. „Naja, außer vielleicht in Berlin.“

Dabei könnte eine funktionierende schwule Szene doch so wichtig sein, findet er. „Dass man als Schwuler in der Gesellschaft immer noch diskriminiert wird, ignoriert man einfach“, sagt er und seufzt – ist es Verzweiflung? „Aus irgendwelchen Gründen hat sich Schwulsein auf gemeinsames Feiern reduziert, und das macht mich verdammt traurig!“ Den meisten schwulen Jugendlichen ist es heute egal, dass es noch

vor wenigen Jahren eine regelrechte Subkultur gab. Oder sie wissen es einfach nicht. Eine Subkultur, die neben guten Partys auch ein soziales Netzwerk bot, in dem man sich gegenseitig geholfen hat. Ein Netzwerk, mit dem man sich als Gesamtheit weiterentwickeln wollte. „Die meisten jungen Schwulen haben heute das Gefühl, dass sie das nicht mehr brauchen. Dass Schwule in der Mitte der Gesellschaft angekommen wären." Dass man sich einfach fix zwischen Klaus Wowereit und x-beliebigen Soapstars auf die Leopardencouch setzen und bei einem Gläschen Prosecco fröhlich vor sich hinchillen kann.

Natürlich stimmt das einerseits. Es hat sich viel verändert in den letzten Jahren und jeder Betroffenheitsonkel, der erzählt, wir würden noch wie im Jahr 1982 leben, hat unrecht. Aber: „So toll, wie viele glauben, ist es heute immer noch nicht", sagt Julian. Zum Beispiel bei der Homoehe: „Wieso bekommen wir vom Staat nur dieses Placebo?", fragt sich Julian. „Nur weil wir schwul sind, bekommen wir weniger Rechte? Obwohl wir den Menschen genauso lieben wie jeder heterosexuelle Mann seine Frau liebt? Das ist doch ungerecht!" Julian ist jetzt aufgebracht. Wackelt unruhig auf seinem Stuhl hin und her. Atmet tief durch, guckt nach draußen, über die Dächer der ehemaligen Bundeshauptstadt, in den Regen. „Die Politik und die schwulen Medien suggerieren, alles sei in Ordnung damit, auf der Couch sei es bequem, man müsse nie wieder aufstehen

– und viele glauben das!“ Er versteht nicht, wieso. Wieso sich ein Volker Beck noch heute auf dem Teilerfolg der Homoehe ausruht. Wieso die Politik sich mit halben Sachen rühmt und verkennt, dass noch so vieles geschehen muss.

Er macht wieder eine lange Pause. Draußen donnert es, ein Gewitter zieht auf. „Mein Wunsch“, sagt er, „ist, dass Schwulsein unwichtig wird. Dass Schwule und Lesben genau so leben, heiraten, adoptieren können, wie jeder andere Mensch auch. Dass diese ewige Unterscheidung zwischen hetero- und homosexuell endlich aufhört. Schwulsein ist ein kleiner Teil meiner Persönlichkeit. Nicht weniger, aber auch nicht mehr.“ Julian will nicht eine bestimmte Musik hören, nur weil er schwul ist. Oder in speziellen Discos tanzen. Will auch mal einen Typen in einer gemischten Disco kennenlernen, wenn's mal sein muss. Und das erreicht er nur, wenn er nicht einfach dasitzt und darauf wartet, dass die Welt sich von alleine ändert. Deshalb hat Julian mehrere Jahre bei einer Partei in den Arbeitsgruppen für Homopolitik gearbeitet und ist Redakteur bei einem schwulen Onlinemagazin. „Jeder Mensch ist ein eigenständiges Individuum. Homosexualität ist eine von vielen Eigenschaften. Aber nicht die dominierende, nicht das ganze Leben. Das will ich vermitteln“, bringt er es auf den Punkt. „Jeder Mensch sollte die Welt verändern wollen. Wofür lebt man denn, wenn man nicht etwas an der Welt verändert? Ihr eine persönliche Note und einen bleibenden Eindruck verpasst?“ Dass das nicht von jetzt auf gleich funktioniert, weiß Julian. Aber Veränderungen im kleinen Stil sind auch Veränderungen. Und kleine Schritte führen bekanntlich auch ans Ziel.

GUT ANGEKOMMEN?

Nachdenklich verlassen wir Julian. Die zwei Wochen sind rum, zehn Gespräche im Kasten. Es waren zwei intensive, anstrengende, schöne Wochen. Eine tolle Reise durch junge schwule Lebenswelten. Die Gespräche waren ganz unterschiedlich. Mal lustig, mal so ernst wie das Leben manchmal ist. Zehn Jungs, die unterschiedlicher nicht hätten sein können. Trotzdem gibt es einige markante Gemeinsamkeiten in ihrem Leben, obwohl sie sich womöglich nie getroffen haben.

Das Internet scheint als Informations- und Kommunikationsplattform wichtig zu sein, sehr wichtig. Für die meisten unserer Interviewpartner war es der erste Schritt in ein schwules Leben – für Martin genauso wie für Orkan und Rainer. Dort kann man sich informieren, wenn man unsicher ist. Wenn man versuchen möchte, seine Gefühle abzugleichen, zu vergleichen. Man kann aber auch ähnlich tickende Leute kennenlernen. Anonym, ohne gesehen zu werden.

Dass so viele junge Schwule von der klassischen Familie mit Kindern, Reihenhaus und Hund träumen, hat uns überrascht. Aber wieso überrascht uns das überhaupt? Schwule sind nicht anders als andere Menschen. Es sind Männer, die Männer lieben. Das ist der einzige Unterschied, das ist schließlich die Definition von „schwul“. Je normaler Schwulsein wird, desto

freier kann jeder seinen eigenen Lebensentwurf zeichnen. Ohne sich an eine Subkultur anpassen zu müssen, die man vielleicht gar nicht mag. Deren straff reglementierte, codierte Welt die einzige ist, in der man seine Sexualität ausleben kann. Und wenn diese Subkultur erst einmal verlassen ist, wieso sollten sich dann nicht Johannes und Lorenz für das interessieren, was die meisten heterosexuellen Leute zu interessieren scheint? Zum Beispiel eine eigene Familie zu gründen, in ein Reihenhaus einziehen und einen Hund Gassi führen?

Ein Unterschied bleibt trotzdem bestehen: Homosexuelle werden tatsächlich diskriminiert, wie Julian sagt. Denn den Lebensentwurf mit Kindern zu verwirklichen, ist für Schwule momentan noch nicht möglich. Zumindest ist es für sie weitaus schwieriger als für Heterosexuelle. Die Gesetzeslage macht's möglich.

Auch prägnant schien uns die große Angst zu sein, mit der viele Jugendliche an ihr Coming-out gehen. Sie erwarten die schrecklichsten Dinge, malen sich Horrorszenen aus und stoßen hinterher auf große Toleranz. Zumindest bei nahe stehenden Personen. Es scheint also nach wie vor eine große Angst davor zu geben, wegen seiner Sexualität auf Diskriminierung zu stoßen. Man möchte nicht schwul sein, nicht anders, und schon gar nicht so, wie diese Klischee-

Homosexuellen aus den Medien. Man möchte eigentlich nur man selbst sein. Dass das möglich ist, scheint nicht jedem bewusst zu sein. Das verbreitete Schwulenbild ist so klar definiert wie eine mathematische Formel. Einerseits schafft das Probleme für junge Schwule, die feststellen, dass sie einfach nicht so sind, wie die Homosexuellen aus den Medien. Und gar nicht erst so werden wollen. Andererseits bestärkt dieses Klischeebild auch Vorurteile und bildet damit eine der Grundlagen für Diskriminierung und Homophobie. Wie diese dann im Alltag aussehen kann, davon haben Stephan und Björn berichtet. Es gibt sie also nach wie vor noch, die Fronten im Alltag, an denen gekämpft werden muss. Für Selbstverständlichkeit und Normalität. Immerhin bei Björn hat sich ein Erfolg gezeigt: Ist erst einmal klargemacht, dass man nicht komisch ist, bloß weil man schwul ist, gehören die blöden Sprüche bald der Vergangenheit an. Aber manchmal ist es gar nicht so einfach, das klarzustellen. Wenn die Vorurteile zu fest verwurzelt sind oder die Homophoben in der Überzahl, ist es gar unmöglich. Umso wichtiger sind Oasen wie Jugendgruppen oder Beratungsstellen, wo man einfach man selbst sein kann, ohne sich dafür zu rechtfertigen.

Wir stellen uns vor allem eine Frage: Wieso muss die sexuelle Orientierung nach wie vor so wichtig, so ernst genommen werden? Wäre die Homophobie in der Gesellschaft, die Angst vor homosexuellem Verhalten, nicht so groß, wäre ein Coming-out vielleicht überhaupt nicht mehr nötig. Man könnte sich frei verlieben. Ist es ein Mann, in den man sich verliebt, dann ist es eben ein Mann. Wenn es eine Frau ist, ist es eine Frau. Es gäbe keine weiteren Konsequenzen dafür. Man müsste niemanden seelisch darauf vorbereiten, dass die nächste große Liebe wahrscheinlich vom eigenen Geschlecht sein wird. Die Rechtfertigung vor anderen Menschen würde der Vergangenheit angehören. Denn ein Coming-out ist nichts anderes als eine Rechtfertigung. Man wäre nicht mehr in dem Zwang, sich selbst zu kategorisieren und müsste nicht feststellen, dass die Schublade, in die man da gesteckt wird, nicht so recht zu einem passt. Müsste nicht herausfinden, was man „wirklich will", um dann Konsequenzen zu tragen und erste Schritte zu gehen. Man bräuchte nicht mehr abwägen zwischen homosexuellen und heterosexuellen Gefühlen, wie etwa Michael es getan hat. Man würde einfach nur seine Sexualität leben. So, wie man es gerade für richtig hält.

Vielleicht mag das alles Utopie sein. Naiv und überheblich. Aber wieso sollte sie nicht eines Tages wahr werden?

Matthias Nebel, geboren 1984 in München, bekam mit 8 Jahren zum ersten Mal eine Kamera in die Hand. Seitdem sieht man ihn nur noch selten ohne. 2002 wurde er Mitarbeiter beim JugendMagazin dbna, wo er als Redakteur, Kolumnist und Fotograf arbeitete. Er nahm an internationalen Fotoworkshops in Prag und Teheran teil, gewann 2004 den Förderpreis beim Deutschen Jugendfotopreis und reiste mit dem „Europazug 2006“ durch Mittelosteuropa. Nach seinem Abitur ging er nach Hamburg und arbeitete für den Fotografen Gulliver Theis. Momentan lebt er in München und Berlin, wo er an der Universität der Künste studiert.

Patrick Kremers ist ein blutjunger Texter. 1986 in dem schönen Städtchen Heinsberg geboren, begann er im Alter von 14 Jahren in jugendlicher Arbeitswut für das JugendMagazin dbna zu schreiben. Dort lernte er nicht nur Matthias Nebel kennen, sondern auch sein sprachliches Talent. Bei dbna wurde er Chefredakteur, seit 2004 folgten Publikationen bei der NEON und dem Häfft-Verlag, 2005 gewann er den Allianz-Preis für Jungjournalisten. Derzeit lebt Patrick Kremers in Köln, studiert Politikwissenschaft und ist Mitarbeiter der Tageszeitung Rheinische Post. Sein größter Wunsch: Einmal so berühmt werden wie Sibylle Berg. Und Weltfrieden.

WIR DANKEN:

Lorenz, Orkan, Michael, Johannes, Stephan, der Jugendgruppe l.u.s.T., Björn, Martin, Rainer, Julian. Danke.
Allen, die uns ihre Geschichte im Vorfeld erzählt haben und uns damit gebildet, sensibilisiert und aufmerksam gemacht haben.

Frau Berg, Alexander und Christian für Inspiration und moralische Unterstützung.
Christian S. und Christian K. für unsere Internetseite.
Unseren Eltern.
Dunja und Martin für Beratung.
Dirk und Susanne für die Motorisierung und Gulliver für die Ressourcen.
Jakob, Vinzenz und Hille für die Gastfreundschaft.
Achim, dem Himmelstürmer Verlag und dbna für die gute Zusammenarbeit.
Stephan und Andy fürs Covern.
Dem Medienraum der Fakultät Musik der UdK Berlin.
Der unglaublich grotesken Architektur der Weßlinger Kirche, die für ordentlich gute Laune gesorgt hat.

NOCH STECKT ER HIER.
GLEICH STECKT ER DORT.
forelle media
KONDOME SCHÜTZEN.
Kondome schützen vor HIV und mindern das Risiko einer Ansteckung mit anderen sexuell übertragbaren Krankheiten.
www.aidshilfe.de
Deutsche AIDS-Hilfe e.V.

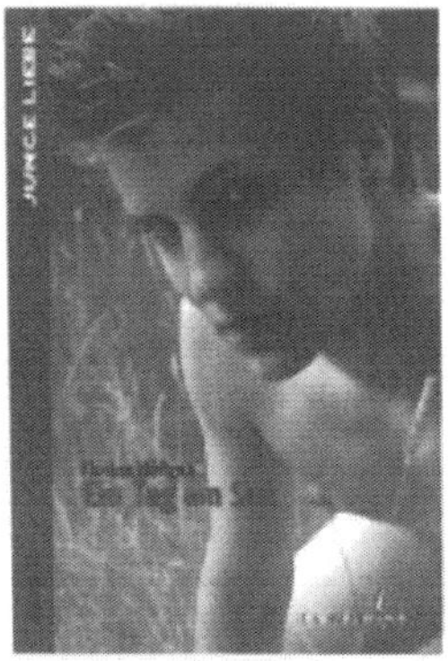

Florian Höltgen
Ein Tag am See
160 Seiten, ISBN 978-3-934825-64-2 Euro 13,90

Du warst fast ein Jahr beim Bund, hast deine beste Freundin seit einer Ewigkeit nicht mehr gesehen. Ihr kennt euch im Grunde nur noch über die täglichen Telefonate. Und dann plant ihr einen Tag am See. Sonne, Wasser, nur ihr zwei, ihre beste Freundin und – der gutaussehende zukünftige Ehemann.
Du versuchst es zu ignorieren. Doch deine Blicke streifen ihn immer wieder. Du appellierst an deinen Verstand. Doch er sieht einfach zu gut aus. Und irgendwann ist der Punkt erreicht, an dem auch du nicht mehr leugnen kannst, dass das Verlangen größer ist ...

Justin C. Skylark
Der Champion
160 Seiten, ISBN 978-3-934825-62-8 Euro 13,90
René ist Kunststudent, und für seine Hausarbeit hat er sich etwas ganz besonderes vorgenommen. Er möchte im naheliegenden Boxstall Fotos machen, denn die gefährliche Sportart und das kräftezehrende Training der Boxer reizt ihn und lässt auf gute Fotos hoffen. Er lernt den Profiboxer Jack Caine kennen und begleitet den Schwergewichtler bei seinem Training. Mehr und mehr fasziniert ihn diese Sportart und natürlich auch Jack, der vor Muskeln nur so strotzt und sich stets stark und männlich zeigt ...

Leon da Silva
Nachtexpress
160 Seiten, ISBN 978-3-934825-69-7 Euro 13,90
Der junge Zürcher Student Daniel hat ein paar Urlaubstage bei seiner Tante in Berlin verbracht und einiges erlebt. Als er den Nachtzug von Berlin nach Zürich besteigt und seine Schlafkabine bezieht, läuft ihm plötzlich Enrico über den Weg. Die beiden ehemals guten Freunde haben sich seit dem Abitur nicht mehr gesehen. Während sich Enrico über die überraschende Begegnung und eine gemeinsame Zugfahrt freut, sind Daniels Gefühle gespalten. Er hatte sich gewünscht, Enrico nie wieder zu sehen – denn damals war er in ihn unsterblich verliebt. Eine Zugfahrt voller Überraschungen!

www. himmelstuermer.de

1032839

Printed in Germany by
Amazon Distribution
GmbH, Leipzig